Gerhard M. Walch

Astrosophie – Sternenweisheit

Bibliografische Information der Deutschen Nationalbibliothek
Die Deutsche Nationalbibliothek verzeichnet diese Publikation in der Deutschen Nationalbibliografie; detaillierte bibliografische Daten sind im Internet über http://dnb.d-nb.de abrufbar.

Titelbild von Robert Fludd (1574-1637, englischer Philosoph, Theosoph und Mediziner) –„Integra Naturae Speculum Artisque Imago" (aus: „Utriusque cosmi maioris scilicet et minoris Metaphysica, physica atque technica Historia", 2 Bände, Oppenheim, Frankfurt 1617): Beschreibung im Buch auf Seite 23
Verlag: opus magnum, Stuttgart (https://opus-magnum.com)
Herstellung: Books on Demand, Norderstedt

ISBN 978-3-95612-039-8

Gerhard M. Walch

Astrosophie – Sternenweisheit

Die kosmische Uhr der Zeitqualität

Mit Bezügen zu C. G. Jung und Erich Neumann
sowie zum Weihnachts- und Ostermysterium

opus magnum

Inhalt

Vorwort

Es freut mich sehr, dass ich mit dem vorliegenden Buch „Astrosophie – Sternenweisheit“ Inhalte zu meinem vierten großen Lebensthema, mit dem ich mich seit 1980 beschäftige, veröffentlichen kann. Es bildet zusammen mit den drei vorhergehenden Büchern eine Vierung im Sinne eines Mandalas und rundet diese zu einer Ganzheit ab.

Die vier Themenbereiche sind „Gedichte, Texte und Fotografien“ (Buch: „Wandlung zum inneren Himmel“ - Walch 2007), „Tiefenpsychologie und Traumarbeit“ (Buch: „Wandlungen des Bewusstseins“ - Walch 2010), „Leib – Atem – Stimme – ZEN-Meditation“ (Walch 2018) und „Astrosophie – Sternenweisheit“. In dieses Buch wurden wesentliche, auf die Sternenweisheit bezogene Einsichten, Gedichte, Zitate und Übungen aus den drei vorangegangenen Büchern mit aufgenommen.

So wie uns Gedichte die Wirklichkeit und Qualität des Lebendigen in verdichteter Weise näher bringen, die Tiefenpsychologie von C. G. Jung und Erich Neumann uns die Wirklichkeit und Qualität der Psyche bewusst macht und die Meditation die Wirklichkeit und Qualität des Geistes, so vermittelt uns die Sternenweisheit (Astrosophie) die Wirklichkeit und Qualität der Zeit.

Eine von der Kausalität unabhängige, qualitative Zeiterfahrung mit den mit ihr verbundenen Synchronizitäts-Phänomenen hat mich schon immer fasziniert und mir einen neuen, ergänzenden Zugang zur „Wirk“lichkeit eröffnet.

Die Ganzheitlichkeit der Sternenweisheit erleben wir darin, dass wir diese Zeit-Erfahrung auf alle Ebenen der individuellen und der kollektiven Wirklichkeit beziehen können: von allen Zeit-Punkten und Stationen eines persönlichen Menschenlebens von der Geburt bis zum Tod bis hin zum „Zeit-Geist“ von kollektiven, gesellschaftlichen und überpersönlichen Ereignissen.

Die Sternenweisheit integriert philosophische, tiefenpsychologische, mythologische, therapeutische und spirituelle Einsichten zu einem Weg der Initiation und Individuation.

Die einzelnen Kapitel dieses Buches behandeln die folgenden Themen:

Nach einer Einführung in die Sternen-Weisheit (Astro-Sophia) mit Bezügen zu C. G. Jung und Erich Neumann beschreibe ich die Grundlagen einer kosmischen Uhr der Zeitqualität mit zwei Ziffernblättern (Tierkreis und Häuser) und zehn Zeigern (Planeten).

Ich stelle eine Beziehung her zwischen den vier Jahreszeiten, Elementen, Temperamenten und Typen sowie zwischen den drei archetypischen Qualitäten (kardinal, fix und beweglich) und den Festen im Jahreskreis. Die kosmischen Signaturen der zwölf Tierkreiszeichen werden anhand der Symbolik der zwölf Stadien der Sonnenbahn im Jahreskreis erläutert. Neben den Zeit-Räumen und Seins-Gründen der vier Quadranten vermittle ich die Aspekte der Planeten als archetypische Beziehungsweisen und vergleiche die Geburtshoroskope von C. G. Jung und Erich Neumann.

Im Unterkapitel „Von der Projektion zum archetypischen Feld als Ort der Sternenweisheit" weise ich darauf hin, dass astrologische Aussagen weder absolut noch fatalistisch sein können, da sie sich nur auf eines der drei Wirklichkeitsfelder, nämlich das archetypische Feld beziehen, während das Bewusstseins- und das Selbst-Feld davon unabhängig sind.

Auf Wunsch des Verlegers gibt es in diesem Zusammenhang bezüglich des Umgangs und Arbeitens mit Symbolsystemen noch folgendes zu bedenken:

Symbolische Deutungen dürfen nicht mit konkreten Aussagen verwechselt werden. Mit den Planeten oder Tierkreiszeichen beispielsweise sind nicht die konkreten materiellen Planeten oder Sternbilder gemeint und auch nicht deren „wirkliche" Beziehungsverhältnisse zueinander. Die projektive Zuordnung von Eigenschaften zu konkreten Planetenverhältnissen war ein früher Versuch der Menschheit, zu einem ganzheitlichen Weltbild zu gelangen, das uns „modernen" Menschen verloren gegangen ist. Unsere inzwischen mentale Bewusstseinsstruktur unterscheidet viel deutlicher zwischen den inneren und den äußeren Gegebenheiten.

Symbole sind immer vielschichtig, vieldeutig und verweisen auf einen das Bewusstsein übersteigenden Sachverhalt. Verschiedene Autoren gelangen deshalb auch zu unterschiedlichen Interpretationen. Die unterschiedlichen Symbole und Symbolsysteme lassen sich aufgrund dessen auch nicht vollständig miteinander in Deckung bringen, auch wenn es manche Übereinstimmungen zu geben scheint. Sie stammen aus verschiedenen Weltbildern, Denkmodellen und Kulturen. Das astrologische Symbolsystem lässt sich beispielsweise nicht mit dem kabbalistischen oder dem alchemistischen gleichsetzen; auch das christliche Symbolsystem deckt sich nicht mit dem anderer Religionen, auch wenn es auf dem archetypischen Hintergrund manche Entsprechungen gibt, da es ja bei ihnen allen um die Suche und Erfahrung der Ganzheit und einer Einheitswirklichkeit geht.

Im zweiten Kapitel beschreibe ich die einzelnen Lebensphasen und -übergänge in Entsprechung zu den archetypischen Planeten-Rhythmen und Individuations-Schritten.

Das dritte Kapitel umfasst die rituelle Form und Methodik der von mir entwickelten archetypischen Planeten-Aufstellungen, die ein Erleben dieser Qualitäten und Beziehungen (Aspekte) am eigenen Leib und in der Dynamik des archetypischen Feldes der Gruppe ermöglichen.

Das vierte Kapitel über Astromedizin stellt Bezüge zwischen dem Leib und der Sternenweisheit im Sinne einer „Astrosomatik" her und ergänzt diese mit entsprechenden praktischen Leib-, Atem- und Stimmübungen (aus: Walch 2018).

Im fünften Kapitel verbinde ich die Zeitqualitäten des Weihnachtsfestkreises und der zwölf heiligen Nächte mit den zwölf Tierkreis-Archetypen. Dieser für dieses Buch neu überarbeitete Beitrag von mir wurde erstmals im Buch „Ein Stern kommt auf die Erde - Die spirituelle Symbolik von Weihnachten" veröffentlicht (hrsg. v. Müller 2009).

Im sechsten Kapitel „Das Ostermysterium und die sieben Tage der Karwoche", dessen Inhalte ich seit 30 Jahren als Seminar in der Karwoche weitergebe, stelle ich eine Beziehung zur „Ursprungsgeschichte des Bewusstseins" von Erich Neumann (Neumann 1949 und Walch 2010) und zu den sieben Tagen der Ur-Woche der Genesis her.

Die sieben Tage der Karwoche und die sieben Wochen von Ostern bis Pfingsten erläutere ich auf der Grundlage der sieben Planeten-Archetypen unter Einbeziehung christlicher und jüdischer Mystik. Darüber hinaus beschreibe ich „Das letzte Abendmahl von Leonardo da Vinci" vor dem Hintergrund des kosmischen Bezugs der zwölf Tierkreis-Qualitäten und Menschen-Typen.

Eine praktische, von mir adaptierte Sonnengebets-Übung ermöglicht ein unmittelbares Erleben der Wandlungsphasen des Ostermysteriums.

Neben dem Dank an alle, die mich bei der Realisierung dieses Buches unterstützt haben, möchte ich am Ende des Vorwortes die Hoffnung äußern, dass die Sternen-Weisheit der Astro-Sophia viele Menschen auf ihrem persönlichen und überpersönlichen Lebens-Weg inspirieren möge.

Einführung und Grundlagen

Astrosophie als Philosophie und Tiefenpsychologie der Astrologie

Seit den Anfängen der menschlichen Kultur entwickelte sich eine Sternenweisheit (Astrosophie), die sich auf das Wesen von Mensch, Welt und Kosmos bezieht und die heute noch weiterhin lebendig ist.

Die ersten Aufzeichnungen von Sternenkonstellationen zusammen mit Mythen und Träumen finden wir schon ab 3.300 v. Chr. auf Keilschrifttäfelchen der Sumerer in Mesopotamien.

C. G. Jung spricht von der Astrologie im Sinne der Astrosophie:

„Die Astrologie ist nicht bloßer Aberglaube, sondern enthält gewisse psychologische Tatsachen (wie auch die Theosophie), welche von nicht geringer Bedeutsamkeit sind. Die Astrologie hat nämlich in Wirklichkeit mit den Sternen nichts zu tun, sondern ist die 5000 Jahre alte Psychologie des Altertums und des Mittelalters." (Brief an Dr. med. L. Oswald vom 8. Dez. 1928, in: Jung 1972/73, Briefe 1, S. 82)

Während die Astro-Logie vom männlichen Logos ausgeht, der vor allem in den letzten 150 Jahren nicht nur die Wissenschaft, sondern unser komplettes Weltbild bestimmt, kommt mit der Astro-Sophie, deren Grundlage die Sophia ist, eine weibliche, ganzheitliche Weisheits-Schau ans Licht des Bewusstseins der Menschheit.

„Diesem Sophia-Licht entspricht ein neu auftauchender »Geist der Erde«." (Neumann 1954/1992, S. 41)

Und Rainer Maria Rilke schreibt in poetischer Weise: „Jede Erde, die lebt, strahlt ihren Himmel aus und wirft Sternennächte weit hinaus in die Ewigkeit." (Brief an Lou Andreas Salomé, Rilke 1929, S. 115)

Erich Neumann führt weiter aus: „Diese matriarchale Welt ist geozentrisch, die Sterne und Bilder des Tierkreises sind der himmlische Gürtel der Erdgöttin und umgeben sie als die eigentliche Mitte, um die alles sich dreht." (Neumann 1954/1992, S. 39)

Da die Schöpfung nur im Zusammenwirken von Logos und Sophia entstehen konnte, so wie jedes große schöpferische Werk männliche und weibliche Qualitäten integriert, war es mir ein Bedürfnis, das „Vater unser" durch ein „Sophia unser" zu ergänzen:

Sophia unser

Sophia unser
die Du in allem wohnst
wie heilvoll klingt Dein Name
Du bist reich an Wonne
Deine Weisheit geschehe
Du bist der Himmel der Erde
Du nährst Leib, Herz und Geist
im ewigen Jetzt
wo es keine Schuld gibt
denn in Deinem Grunde ist alles gut
hat alles Sinn, so wie es ist.
Lass uns immer wieder zu Grunde gehen
um uns von Grund auf unseres Erlöstseins gewahr zu sein.
Denn aus Deinem Grunde ist alles, was ist.

(Walch 2007, S. 190)

Die Astro-Sophia „ist von alters her die Gefährtin des Menschengeschlechtes gewesen, die ihm auf den verschiedensten Bewusstseinsstufen das Verständnis des inneren Wesens der Schöpfung aufgeschlossen hat. … Denn im Menschen wird der Kosmos aus bloßem Dasein zu geistigem Sinn verklärt." (Rosenberg 1984, S. 14/15)

So wie die Tiefenpsychologie nach C. G. Jung und Erich Neumann, die im Unterschied zur kognitiven Psychologie den inneren Kosmos des Unbewussten mit berücksichtigt, so integriert die Astrosophie die Erfahrungsweisheit des kollektiven Unbewussten der Menschheit.

Die Sternbilder des Tierkreises umfassen aus der Fülle der Sternbilder unserer Galaxie jene, die die Sonne im Laufe eines Jahres entlang der Bahn der Ekliptik durchläuft. In der Entsprechung dazu stellt die Abfolge der Archetypen, wie sie Erich Neumann in der »Ursprungsgeschichte des Bewusstseins« (Neumann 1949 und Walch 2010) beschrieben hat, jene Archetypen aus der Fülle der Archetypen des kollektiven Unbewussten dar, die im Laufe eines Lebens auf der Bahn der individuellen Bewusstseinsentwicklung durchschritten werden.

Ein Archetyp ist eine Menschheitserfahrung, die deswegen zum Archetyp geworden ist, weil sie sich schon seit dem Ursprung (griech. „arche") des menschlichen Bewusstseins in die menschliche Psyche eingeprägt (griech. „typos") hat.

Erich Neumann führt in der „Ursprungsgeschichte des Bewusstseins" weiter aus, dass C. G. Jung betont, dass die Archetypen nicht inhaltlich, sondern nur formal bestimmt sind. Inhaltlich bestimmt sei ein Urbild nachweislich nur, wenn es bewusst und daher mit dem Material bewusster Erfahrung ausgefüllt ist. Die Art, wie Erfahrung gemacht wird, ist zwar archetypisch vorgeschrieben, das Was der Erfahrung aber immer individuell. (Neumann 1949/2004, S. 356/357)

Da die Archetypen, auch die Planeten- und Tierkreis-Archetypen, nur formal und nicht inhaltlich anordnende Faktoren darstellen, bestimmen Konstellationen von Planeten und Tierkreiszeichen die Gestalt und Form einer Erfahrung in der Zeit, jedoch nicht den Inhalt. Es ist die „geprägte Form, die lebend sich entwickelt." (Goethe 1982, S. 62)

Der Inhalt und die Ebene, auf der diese Archetypen gelebt werden, hängen vom Reifegrad des Menschen ab, der die jeweilige Erfahrung macht.

Die individuelle Psyche enthält auch den Mikrokosmos der Archetypen, der Makrokosmos des Himmels und der Sternbilder spiegelt die Menschheits-Psyche des kollektiven Unbewussten wider.

C. G. Jung schreibt an Sigmund Freud im Brief vom 12. Juni 1911:

„Ich muss sagen, dass in der Astrologie eines Tages sehr wohl ein gutes Stück Wissens von Ahnungswegen, das an den Himmel geraten ist, entdeckt werden könnte. Es scheint z.B., dass die Tierkreisbilder Charakterbilder sind, d.h. Libidosymbole, welche die jeweiligen typischen Libidoeigenschaften schildern." (Jung 1972/73, Band 1, S. 45)

So wie die Traumarbeit den „königlichen Weg", die „via regia" zum Unbewussten (wie sie Sigmund Freud nannte), darstellt, so wird die Sternenweisheit die „königliche Kunst", die „ars regia" bezeichnet.

Der König entspricht dem Löwen, dem Herz und der Sonne, und so sind der königliche Weg der Traumarbeit und die königliche Kunst der Sternenweisheit Herzens-Wege und Herzens-Weisheiten. Die Sternenweisheit der Astrosophie ist ein Sonnen-Weg durch zwölf Initiationen, die den zwölf Stadien der jährlichen Sonnenbahn des archetypischen Tierkreises entsprechen, so wie der Weg des Bewusstseins durch das Unbewusste, durch die Welt und den Kosmos.

Ein wesentlicher Sinn des Umgangs mit der Weisheit der Träume und der Sterne ist der achtsame Versuch einer Übersetzung und Integration von Bildern und Symbolen aus dem Mikrokosmos der Träume und aus dem Makrokosmos der Sterne in den ganz persönlichen und alltäglichen Kontext unserer raum-zeitlichen Lebensrealität.

Die Astrosophie können wir als Tiefenpsychologie und Philosophie der Astrologie bezeichnen.

So wie die Philo-Sophia, die Liebe zur Weisheit, ist die Astro-Sophia eine Sternen-Weisheit, die eine Herzens-Weisheit ist, da das Herz-Zentrum in der Symbolik der zwölfblättrigen Rose bzw. Lotosblüte dem Mandala des zwölfgliedrigen Tierkreises und eines zwölfflächigen Horoskops entspricht.

Mandala

Der Kreis, der ohne Anfang und ohn' Ende
das Göttlich-Ungeschaffne in sich birgt,
gebiert durch liebevolle Schöpferhände
das Kreuz im Zentrum, das das Heil bewirkt.

Der Kreis ist mit dem Kreuze nun vereinet,
der Himmel und die Erde sind vermählt,
das innre Kind als wahres Selbst erscheinet
und strahlt sein ewges Licht in unsre Welt.

(Walch 2007, S. 104)

Die Quantität und die Qualität der Zeit

Das Wort Horoskop kommt vom griech. „horo-skopeion“ und heißt übersetzt „in die Stunde schauen“. Und jede Stunde hat ihre ganz eigene Qualität.

Im alttestamentlichen Buch Kohelet (Kap. 3,1-4), das zu den Büchern der Weisheit zählt, heißt es:

> Alles hat seine Stunde.
> Für jedes Geschehen unter dem Himmel gibt es eine bestimmte Zeit:
> eine Zeit zum Gebären und eine Zeit zum Sterben,
> eine Zeit zum Pflanzen und eine Zeit zum Abernten der Pflanzen,
> eine Zeit zum Töten und eine Zeit zum Heilen,
> eine Zeit zum Niederreißen und eine Zeit zum Bauen,
> eine Zeit zum Weinen und eine Zeit zum Lachen,
> eine Zeit für die Klage und eine Zeit für den Tanz.
>
> (Bibel 2016)

Die alten Griechen hatten zwei Götter bzw. Begriffe für die Zeit: Sie unterschieden zwischen Chronos und Kairos: Während sich Chronos auf die quantitative, gemessene, ablaufende Zeit bezieht, vermittelt uns Kairos die qualitative Zeiterfahrung, die Gelegenheit des rechten Augenblicks.

Der griechische Chronos, der dem römischen Saturn entspricht, wird oft als Väterchen Zeit mit der Sanduhr oder als Sichelmann dargestellt, der uns unsere Vergänglichkeit bewusst macht. Er zählt die Zeit in Jahren, Monaten, Wochen, Tagen, Stunden, Minuten und Sekunden. Wir kennen den Begriff des Chronometers, einer beweglichen, mechanischen Uhr.

Der dem Chronos zugeordnete Planet Saturn (als Regent des Zeichens Steinbock) war über Jahrtausende der äußerste, der siebte Planet, der der alten Weltordnung und der Zeitlichkeit der Zahl sieben entspricht.

Mit Uranus (als Regent des Zeichens Wassermann) wird zur Zeit der französischen Revolution mit den Themen „Freiheit, Gleichheit, Brüderlichkeit“ ein neuer, achter Planet, entdeckt. Er ist doppelt so weit von der Sonne entfernt wie Saturn. Uranus bringt die neue Weltsicht und Zeitqualität des Kairos, die die Ewigkeit des „achten Tages“ (der Auferstehung) und der liegenden Acht, der Lemniskate als Symbol der Ewigkeit, mit einbezieht.

Die Gestalt des Kairos hat am Kopf, vorne oberhalb der Stirn, einen Haarschopf und am Hinterkopf eine Glatze. Wer die günstige Gelegenheit, den

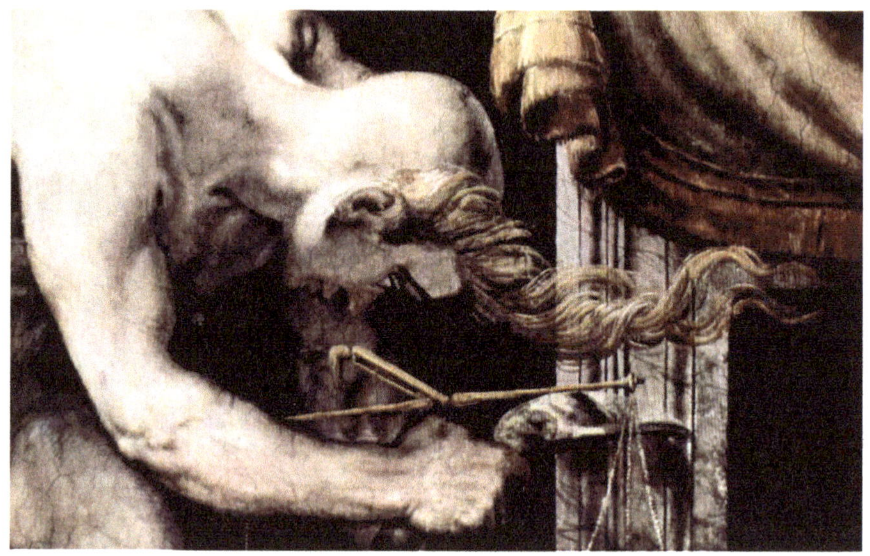

Abb.: Kairos - Francesco Salviati - Detail eines Wandgemäldes im Palazzo Sacchetti in Rom (1552-1554)

Gott des rechten Augenblicks, nicht am Schopf packt, rutscht an der Glatze ab und hat die Gelegenheit verpasst.

„Es scheint, als entspräche das Horoskop einem bestimmten Augenblick im Gespräch der Götter, das heißt der psychischen Archetypen." (Jung 1972/73, Briefe II, S. 401)

Thomas von Aquin (1225 – 1274), der die Philosophie des Aristoteles mit der christlichen Weltsicht verbindet, bezeichnet die profane, chronologische Zeit als lat. „tempus", im Unterschied zu lat. „aevum", die er „Engelszeit" nannte.

Erich Neumann spricht in seinem Eranos-Vortrag „Die Psyche und die Wandlung der Wirklichkeitsebenen" (Neumann 1953 und Walch 2010) von einer „Schicksalszeit", die jenseits der normalen Dreizeitigkeit von Vergangenheit, Gegenwart und Zukunft unseres Bewusstseins besteht und in welcher die Persönlichkeit durch archetypische Strukturen bestimmt wird.

Eine solche archetypische Struktur stellen auch die zwölf Zeitqualitäten des Tierkreises dar.

Neumann führt weiter aus, „dass die Schicksalszeit nicht mit der Dreizeitigkeit des Ich-Bewusstseins identisch ist, an welche die Kausalketten gebunden sind, sondern dass sie Ausdruck einer extranen Konstellation ist, die mit dem individuellen Selbst mitgegeben (...) ist. Wenn aber durch das Selbst die

Ereignisse der Schicksalszeit – das heißt wesentliche Einschnitte des Lebens – bestimmt sein können, ist auch die Vorstellung nicht mehr so unmöglich, derartige durch das Selbst gesetzte Schicksalszeiten vorher wahrzunehmen." (Neumann 1953/1992, S. 82)

Von der Projektion zum archetypischen Feld als Ort der Sternenweisheit

„Die Astrologie beruht auf einer psychischen Erfahrungstatsache, die wir als »Projektion« bezeichnen - d.h., es sind sozusagen seelische Inhalte, die wir in den Sternkonstellationen finden. Ursprünglich entstand daraus die Idee, dass diese Inhalte von den Sternen kämen, während sie doch nur in einer synchronistischen Beziehung zu ihnen stehen." (Jung 1972/73, Briefe 2, S. 94)

Erich Neumann ergänzt den Begriff der Projektion, indem er in seinem Eranos-Vortrag „Die Psyche und die Wandlung der Wirklichkeitsebenen" (Neumann 1953/1992, S. 63/64) ausführt:

„Mit dem Versuch, die Deutung dahin zu verbessern, dass wir von einer »Exteriorisierung« sprechen, betonen wir zwar das primäre »Außensein« der Erfahrung, während der Begriff der Projektion ihr primäres »Innensein« voraussetzt, aber auch dieses Außensein wird damit noch nicht als ein Wirkliches, sondern nur als ein phänomenales Außensein verstanden. Die richtige Beschreibung des Tatbestandes würde besagen:

Das Wissen (bzw. die Sternenweisheit, die der Mensch vom Himmel - Anm. Walch)(…) mitgeteilt bekommt, sei ein Feldwissen, ein extranes Wissen (d.h. ein nicht an das Ich und das Bewusstsein gebundenes Wissen - Anm. Walch), das in dem lebendigen Feld, in das der Mensch (und die Sterne - Anm. Walch) eingeschlossen sind, vorhanden oder aufgetreten sei. (…)

Die Beschreibung mag zunächst sonderbar klingen, sie ist auch in gewissem Sinne eine schwer zu vollziehende Anschauung, da wir hier Wissen wie etwas Reales in der gleichen Größenordnung wie Mensch (und Himmel - Anm. Walch) betrachten. Aber so seltsam das ist, so scheint das extrane Wissen dessen, was wir das Unbewusste nennen, (…) mit diesem Bilde des Feld-Inhaltes zu charakterisieren zu sein. Die Tiefenpsychologie ebenso wie die Biologie hat uns ja darüber belehrt, dass es Wissen gibt, (…) das an kein Nervensystem gebunden ist. Die Konsequenz daraus ist, dass wir lernen müssen, nicht mehr als selbstverständlich anzusehen, dass jedes Wissen »innen« in unserem Bewusstsein, in einer Psyche, in uns, in einem Lebewesen existiere. Wir werden dazu besonders dann veranlasst, wenn wir uns dessen erinnern, dass Innen und Außen Kategorien unseres Bewusstseins-Systems sind, welche nur für dessen Wirklichkeit, aber nicht für die Wirklichkeit z.B. der participation mystique (= die unbewusste Identitätserfahrung - Anm. Walch) und damit der Projektion zuständig sind. Das Verständnis der biologischen, tiefenpsychologischen und parapsychologischen Phänomene fällt uns deswegen so schwer, weil sie mit den geläufigen Begriffen unseres Bewusstseins nicht fassbar, ja nicht einmal beschreibbar sind."

Am schönsten und treffendsten bringen Dichter dieses Phänomen zum Ausdruck: So auch Goethe in seinem Gedicht „Epirrhema":

Müsset im Naturbetrachten
Immer eins wie alles achten;
Nichts ist drinnen, nichts ist draußen:
Denn was innen, das ist außen.
So ergreifet ohne Säumnis
Heilig öffentlich Geheimnis.

Freuet euch des wahren Scheins,
Euch des ernsten Spieles:
Kein Lebendiges ist ein Eins,
Immer ist's ein Vieles.

(Goethe 1982, S. 74)

Das Wechselspiel dieses Phänomens führt das Gedicht von Friedrich Rückert, einem deutschen Orientalisten aus der Zeit Goethes, in seinem Buch „Die Weisheit des Brahmanen" weiter aus:

Nichts wird dir offenbart, wo du nicht offen bist;
Und außen siehst du nichts, was dir nicht innen ist.
Das Äußre dient dir nur, dein Innres zu entfalten,
Dein Innres, weiter dann das Äußre zu gestalten.

(Rückert 1978, S. 35)

Erich Neumann schreibt „von der Vorhersage des Schicksals durch die Astrologie und ihren bis ins Detail der Individualität gehenden archetypischen Feldaussagen" (Neumann 1953/1992, S. 82).

Er unterscheidet drei psychische Felder oder Wirklichkeitsebenen:

1.) das uns geläufige Bewusstseinsfeld, in dem wir innerhalb der chronologisch ablaufenden Zeit eine kausale Wirklichkeitserfahrung machen,

2.) das archetypische Feld, in dem wir in der qualitativen Zeiterfahrung, im Kairos, die Wirklichkeit in Analogien und Synchronizitäten erleben und das die archetypische Sternenweisheit der Planeten- und Tierkreis-Archetypen enthält und

3.) das Selbst-Feld, von dem aus die ersten beiden Felder dirigiert werden und in dem die Zeit aufgehoben ist und die Wirklichkeit als Einheit erfahren wird.

Diese drei Ebenen wirken in folgender Weise aufeinander: Das Selbst aus dem Selbst-Feld kleidet sich in den der wirkenden Zeitqualität entsprechenden Archetyp aus dem archetypischen Feld und begegnet im Bewusstseinsfeld in dieser „Verkleidung" dem Ich-Bewusstsein, um es zur weiteren Wandlung im Sinne der Zentroversion d.h. der psychischen Ganzheits-, Entwicklungs- und Selbstgestaltungstendenz zu bewegen.

Erich Neumann spricht dabei von einer „archetypischen Evokation". (Neumann 1959, S. 77)

Gleichzeitig sehen wir, dass die Astrologie bzw. Astrosophie nicht absolut oder fatalistisch ist, da sie nur Aussagen über die Wirklichkeit des archetypischen Feldes macht und immer in einer Wechselwirkung mit den beiden anderen Wirklichkeitsfeldern steht:

Zum einen mit dem Ich-Bewusstseins-Feld und dessen Reaktionen auf die archetypische Evokation, so wie es Viktor Frankl, der Begründer der Logotherapie und Existenzanalyse, beschreibt: „Die Fragen, die das Leben an uns stellt, können wir uns nicht aussuchen, aber die Antworten, die wir darauf geben, sind Zeugnis unserer ureigenen geistigen Haltung, gleichsam ‚Fingerabdrücke' unseres Ichs." (Frankl 2008)

Der Dichter Novalis bringt es auf dem Punkt:

„Glück ist Talent fürs Schicksal." (Novalis 2008)

Zum anderen ist das archetypische Feld dem Selbst-Feld untergeordnet, das über die Kategorien von Raum und Zeit hinausgeht und die Einheitswirklichkeit sowie die Dimension der Gnade umfasst.

Erich Neumann führt dazu weiter aus:

„So ist in der Astrologie der äußere Sternenhimmel mit den Gestirnen in uns identisch, und es ist nicht zu entscheiden, welcher von beiden Himmeln, der äußere oder der innere, das Schicksal ausmacht, da sie in Wirklichkeit auf einen einheitlichen, sozusagen »dritten« Himmel hinweisen." (Neumann 1953/1992, S. 88)

Diese Abbildung (= Titelseite dieses Buches – siehe Cover) stammt von Robert Fludd (1574-1637), einem englischen Philosophen, Theosophen und Mediziner, mit dem Titel „Integra Naturae Speculum Artisque Imago“ (aus: „Utriusque cosmi maioris scilicet et minoris Metaphysica, physica atque technica Historia“, 2 Bände, Oppenheim, Frankfurt 1617):

Die Darstellung zeigt Sophia als „Anima Mundi“ (Weltseele), im „archetypischen Feld“ der Planeten- und Tierkreis-Fixstern-Sphären und über zwei Ketten mit den beiden anderen Welten in Verbindung stehend.

So vermittelt sie zwischen dem „Selbst-Feld“ über ihr und der Verstandes-Welt des Ich-Bewusstseins-Feldes unter ihr:

Das „Selbst-Feld“ umfasst den unaussprechlichen, gestaltlosen Ewigkeitsaspekt des JHWH und die der Trinität zugeordneten drei Sphären der neun Engelshierarchien.

Die Verstandes-Welt des Bewusstseins-Feldes umfasst den in Raum und Chronos-Zeit begrenzten Bezug zum Materiellen, insbesondere zu den Elementen Erde und Wasser sowie zu mineralischen, pflanzlichen und tierischen Welten. Dieses rationale Bewusstsein ist durch einen Affen dargestellt, der nur die sichtbare und messbare Welt kennt.

Wie oben, so unten – Wie im Himmel, so auf Erden

Vom Sternenhimmel können wir es lesen,
die Tiefen und die Höhen dieser Zeit.
Er offenbart uns unser wahres Wesen
und zeigt den Weg, der uns von Schuld befreit.

Dein heiliger Wille soll mit uns geschehen,
so wie im Himmel soll's auf Erden sein,
und alle, die auf diesem Wege gehen,
führst du in Deine Ewigkeit hinein.

(Walch 2007, S. 62, und 1984, S. 46)

Die Weisheit des hermetischen Gesetzes „Wie oben, so unten" oder „Mikrokosmos gleich Makrokosmos", wie sie von Goethe, Novalis, Leonardo da Vinci, Thomas von Aquin, Hildegard von Bingen, Platon bis zu Pythagoras be- und erkannt wurde, bestätigt sich auch in Erkenntnissen der modernen Wissenschaft.

Die Struktur der Atome entspricht dem Aufbau des Universums:

So finden wir auch analoge Kernstrukturen auf allen Ebenen:
im Anorganischen die Atomkerne,
im Organischen die Zellkerne,
im Psychischen die Archetypen.

(Walch 2010/2019, S. 103)

Die Astrosophie vermittelt uns als Ergänzung zum horizontalen, kausalen Denken der Naturwissenschaft in Ursache und Wirkung ein senkrechtes, akausales Weltbild in Analogien und Synchronizitäten. So finden wir Entsprechungen jedes Planeten- und Tierkreis-Archetyps über das archetypische Feld, das transgressiv ist, das heißt das Innen und das Außen überschreitet, in allen Erscheinungsformen und auf allen Ebenen der Wirklichkeit: in der anorganischen Welt, bei den Pflanzen, den Tieren und im Menschen. (Zur Transgressivität des Archetyps siehe Neumann 1953/1992, S. 66-71)

Alle Erscheinungsformen sind eine Selbst-Offenbarung der Evolution alles Lebendigen:

Gott schläft im Stein,
atmet in der Pflanze,
träumt im Tier,
und erwacht im Menschen.

(Indische Lebensweisheit)

Ich starb als Stein und sprosst' als Pflanze auf
Ich starb als Pflanze und ward Tier darauf
Ich starb als Tier und bin zum Mensch geworden
Was grauet mir, hab' durch den Tod ich je verloren?

Als Menschen rafft er mich von dieser Erde
Dass ich des Engels Fittich tragen werde
Als Engel noch ist meines Bleibens nicht
Denn ewig bleibt nur Gottes Angesicht.

(Mevlana Dschelaleddin Rumi: Mathnawi, Buch III,
Geschichte XVII, in: Schimmel 2017)

Die Einsicht in die Evolution und die Entsprechungen jedes Planeten- und Tierkreis-Archetyps in allen Erscheinungsformen lehrt uns, die jeder Erscheinung zu Grunde liegende archetypische Wirklichkeit zu schauen. „Alles Vergängliche ist nur ein Gleichnis" für das Unvergängliche, so wie es Goethe am Ende von Faust II durch den Chorus Mysticus zum Ausdruck bringt:

Alles Vergängliche
Ist nur ein Gleichnis;
Das Unzulängliche,
Hier wird's Ereignis;

Das Unbeschreibliche,
Hier ist's getan;
Das Ewig-Weibliche
Zieht uns hinan.

(Goethe 1986, S. 214)

Somit vollendet Goethe mit dem Ewig-Weiblichen als Sinnbild der Sophia sein Werk. Und Erich Neumann führt weiter aus:

„Diese Sophia-Psyche als die ursprüngliche und als die verklärte Erde, als Einheit von Natur und Geist, ist, so scheint es uns, die bisher letzte Wandlung des Erdarchetyps in der Neuzeit." (Neumann 1954/1992, S. 52)

Novalis geht noch weiter, indem er das irdisch Sichtbare zum Geheimnis erklärt: „Alles Sichtbare ist ein in den Geheimniszustand gehobenes Unsichtbares." (Novalis 2008)

Gerade darin zeigt sich die Bedeutung des „symbolischen Lebens", insbesondere für den Individuationsprozess, indem es zwei entgegengesetzte Haltungen vereint: Einerseits das Ernstnehmen der konkreten Lebens- und Alltagssituation in der gegebenen Welt, andererseits, indem es den numinosen Hintergrund als das eigentliche Gegenüber sieht. (vgl. Kap. „Der mystische Mensch" in: Walch 2010/2019, ab S. 72)

„Diese Welt aber schließt als irdische Welt alle strahlenden Sternbilder des Himmels in ihre Wirklichkeit ein. Denn dieser Sternenhimmel ist kein physikalischer, sondern ein psychischer Ort, und wenn er der »himmlische Ort« der Archetypen ist, so erscheinen uns diese Archetypen wie alle Geistprägungen unserer Erfahrung im Zusammenhang mit unserer irdischen Gegebenheit. Der moderne Mensch ist nicht im Stande, seine himmlische Welt, ja auch seine Unendlichkeit anders als in intimster Verbundenheit mit seiner Endlichkeit zu erfahren." (Neumann 1954/1992, S. 52)

Unser Leib, der aus Sternenstaub besteht, ist der Ort, wo Endlichkeit und Unendlichkeit, Mikrokosmos und Makrokosmos, innerer und äußerer Himmel zusammenkommen, wie es einzelne Zweizeiler aus meinem Buch „Wandlung zum inneren Himmel" (Walch 2007) vermitteln:

Der Himmel ist in dir. Des ganzen Kosmos Kraft
fließt ein, indem sie dich aus Sternenstaub erschafft.

Der Himmel ist in dir und Sonne, Mond und Sterne.
Sie möchten in dir glühn, nicht nur in äußrer Ferne.

Der Himmel ist in dir mit seiner Sterne Glanz.
Er offenbart sich dir im innren Wirbeltanz.

Der Himmel ist in dir. In ihm findst du dein Wesen.
Er ist dein Sternenleib, was wird und was gewesen.

Unser Astral-Leib (= Sternen-Leib, feinstoffliche Hülle) enthält die archetypisch-eingeprägte Information der Zeitqualität der Geburt und inkorporiert sich im Laufe des Lebens immer mehr in den physischen Leib: „Geprägte Form, die lebend sich entwickelt“ (Goethe 1982, S. 62). Dabei kommt mit jedem Menschen eine einmalige Zeit-Qualität des Himmels auf die Erde, Energie wird Gestalt, Geistiges materialisiert sich.

„Das Lebendige tritt als Wirkendes auf, das nicht nur als freie Energie erscheint, sondern sich auch in Gestalten und Formen inkorporiert, welche die Energie in einem körperhaften System binden. Dies geschieht auf allen Ebenen der Wirklichkeit, im Anorganischen als geordnete Materie, im Organischen als organisiertes und zentriertes Wesen, im Psychischen als dirigierende und sinngebende Gestalt.“ (Neumann 1953/1992, S. 77)

Erich Neumann hat diesen Übergang von Energie in Gestalt in Zusammenhang mit dem von ihm benannten „Alternativcharakter des archetypischen Feldes“ beschrieben: „Das Wesen des Schöpferischen im außermenschlichen ebenso wie im menschlichen Bezirk ist immer die Inkorporierung, das heißt Gestaltwerdung von bis dahin nur gestaltlos wirkender Energie.“ (Neumann 1953/1992, S. 79)

Aus dieser Sicht können wir sagen: Wir alle sind eine einmalige, „geronnene“ Zeitqualität des Himmels, ein in Raum und Zeit verdichtetes Himmels-Gewebe.

„Das Urmysterium des Webens und Spinnens ist in der Projektion auf die das Leben webende und den Schicksalsfaden spinnende Große Mutter erfahren worden. … Nicht zufällig sprechen wir von den »Geweben« des Körpers und seinen »Bändern«, denn das Gewebte, welches das Große Weibliche im Großen am »sausenden Webstuhl der Zeit«, im Kleinen im Uterus des Weiblichen selber verfertigt, ist das Leben und das Schicksal. Beide setzen sich, wie die Astrologie, die Lehre vom sternbestimmten Schicksal, lehrt, mit dem Zeitmoment der Geburt gleichzeitig in Bewegung.“ (Neumann 1956/1987, S. 216)

Die kosmische Uhr der Zeitqualität

Das Horoskop ist die symbolische Darstellung der Zeitqualität an einem bestimmten Ort zu einer bestimmten Zeit. Beim Geburtshoroskop ist dies die Zeitqualität der Geburtszeit am Geburtsort.

„Wir sind zu einem gegebenen Augenblick, an einem gegebenen Ort geboren worden, und wir besitzen, gleich wie berühmte Weinsorten, die Qualitäten des Jahres und der Jahreszeit, die uns zur Welt kommen sah. Nicht mehr behauptet die Astrologie." (Jung 1951)

Johann Wolfgang von Goethe bringt es sehr beeindruckend in seinen „Orphischen Urworten" zum Ausdruck:

Daimon, Dämon

Wie an dem Tag, der dich der Welt verliehen,
Die Sonne stand zum Gruße der Planeten,
Bist also bald und fort und fort gediehen
Nach dem Gesetz, wonach du angetreten.
So musst du sein, dir kannst du nicht entfliehen,
So sagten schon Sibyllen, so Propheten;
Und keine Zeit und keine Macht zerstückelt
Geprägte Form, die lebend sich entwickelt.

(Goethe 1982, S. 62)

Unser Geburtshoroskop zeigt unsere ureigene Sternstunde an.

Ein Horoskop als symbolische Darstellung der Zeitqualität kann in Beziehung zu allen Ereignissen in Raum und Zeit erstellt werden, z.B. anlässlich von Geburt, Tod, Hochzeit, Übersiedlung, Geschäftsabschluss, Gründung einer Firma, einer Partei, einer Nation …

Das Horoskop ist nur ein Anzeigeinstrument, eine kosmische Uhr, die die Zeitqualität an einem bestimmten Ort zu einem bestimmten Zeitpunkt anzeigt.

D.h. die Sterne haben keine kausale Wirkung auf uns, sie zeigen nur die Zeitqualität an und sind nicht die Ursache, so wie eine Uhr nicht die Ursache der Zeit ist, sondern diese nur anzeigt.

Eine kosmische Uhr (hinter dem Engel entsprechend der „Engelszeit“ über einer chronologischen Uhr mit römischen Ziffern) finden wir in der Kathedrale von Straßburg (Abb. oben) sowie im Uhrturm am Markusplatz in Venedig (Abb. unten):

Astrolabiums-Uhr am Rathaus in Ulm

Während wir alle die quantitative Chronos-Zeit, die unsere Uhren (Chronometer) in Stunden, Minuten und Sekunden darstellen, lesen können, können nur wenige die qualitative Kairos-Zeit der kosmischen Uhr, die ein Horoskop anzeigt, lesen. Im Unterschied zu unserer bekannten Uhr mit nur einem Zifferblatt und maximal drei Zeigern ist die kosmische Uhr viel komplexer: Sie umfasst zwei Ziffernblätter und zehn Zeiger.

Die zwei Ziffernblätter

Jedes Horoskop besteht einerseits aus dem Ziffernblatt der Tierkreis-Zeichen, das die 12 Monate des Sonnen-Jahres abbildet und andererseits aus dem Ziffernblatt der sogenannten Häuser (Projektionen des Tierkreises auf die Erde, die die irdischen Zeiten und Lebensbereiche definieren), das die 24 Stunden des Tag-Nacht-Zyklus umfasst.

Bei einem Geburtshoroskop bestimmt der Geburts-Tag den Sonnenstand auf den 360 Graden des Jahres- und Tierkreis-Ziffernblattes.

Die Geburts-Stunde bestimmt den Aszendenten, d.h. jenes Zeichen, das zur Geburtsminute am Osthorizont aufsteigt (lat. „ascendere"), der gleichzeitig den Beginn (die sogenannte „Spitze") des ersten Hauses, des zwölf Häuser und 24 Stunden umfassenden Ziffernblattes des Tag-Nacht-Kreises, darstellt.

Dabei spiegelt das Zeichen am Aszendent im Geburtshoroskop die Anlage eines Menschen wieder, während das Zeichen in dem die Sonne steht, das Verhalten anzeigt, das die Anlage des Aszendenten ins gelebte Leben und zur Wirklichkeit bringt (vgl. Döbereiner 1978).

Der Aszendent zeigt an, worum es geht, die Sonne, wie dies umgesetzt wird.

Der Weg vom Aszendenten zur Sonne ist ein Weg vom Ich, das dem Aszendenten und dem ersten Haus entspricht, hin zum Selbst, das der Sonne entspricht. Das heißt auch, dass im Sinne des Individuationsprozesses der Aszendent mehr in der ersten Lebenshälfte, die Sonne mehr in der zweiten Lebenshälfte in Erscheinung tritt.

Die zehn Zeiger der Planeten und ihre Symbole

Die zehn Zeiger der kosmischen Uhr sind die zehn „Planeten“, griech. „planetes“, d.h. die „Wanderer“; gemeint sind die sogenannten „Wandelsterne“ (im Unterschied zu dem „Fixsternen“ des Tierkreises), die auf den beiden Ziffernblättern die Zeitqualität anzeigen. Die zehn Planeten oder „Wandelsterne“ sind die von der Erde aus gesehenen zehn sich vor dem Hintergrund des Fixsternhimmels bewegenden Himmelskörper, zu denen auch Sonne und Mond gezählt werden: „Die Astrologie besteht aus symbolischen Konfigurationen, ebenso wie das kollektive Unbewusste, mit welchem sich die Psychologie befasst: die Planeten sind die »Götter«, Symbole der Mächte des Unbewussten.“ (Jung 1972/73, Briefe 2, S. 400)
Die Planeten-Symbole sind aus den drei Ur-Symbole Kreis, Halbkreis und Kreuz zusammengesetzt, die dem Geistigen, dem Seelischen und dem Körperlich-Materiellen zugeordnet werden können.

So können wir aus dieser Sicht die Planeten folgendermaßen deuten:

Planet	Symbole	Beschreibung der Symbole gemäß den drei Ur-Symbolen Kreis, Halbkreis und Kreuz
Sonne	☉	Zentrierter Geist als Kreis-Symbol mit einem Punkt in der Mitte
Mond	☾	Halbkreis als Symbol des Seelisch-Empfänglichen
Merkur	☿	Umfasst alle drei Ur-Symbole und kann daher zwischen allen drei Ebenen (Seele, Geist und Körper) vermitteln
Venus	♀	Der Kreis (Geist) steht über dem Kreuz des Körperlich-Materiellen und macht dieses dadurch in seiner Schönheit sichtbar
Mars	♂	Der Kreis (Geist) wird von einem Pfeil in Bewegung gesetzt; ursprünglich wurde der Pfeil als Kreuz dargestellt (als Körperlich-Materielles), das über den Geist gestellt wird
Jupiter	♃	das Kreuz der Materie wird vom Halbkreis des Seelischen angehoben und vermittelt ein erhebendes, beglückendes Gefühl
Saturn	♄	Das Materielle (Kreuz) lastet auf dem Seelischen (Halbkreis), was ein bedrückendes, aber auch konzentriertes Gefühl vermitteln kann
Uranus	⛢ ♅	1. Variante: Der Pfeil nach oben zum Himmel hin (Uranus = Himmel), der aus dem Symbol und Zentrum der Sonne („ex-zentrisch“) herausspringt
Neptun	♆	Zwei Mondsicheln (Halbkreise rechts und links, die für das Seelische stehen), die das Kreuz der Materie an- bzw. abheben („high“) und in einen mystischen Zustand erheben (mittlerer Pfeil nach oben)
Pluto	⯓ ♇ ⯔	1. Variante: Das seelisch-emotionale Mond-Symbol ist im Geist-Kreis-Symbol der Sonne eingeschlossen

Die ersten sieben Planeten bis Saturn werden in der Tiefenpsychologie dem persönlichen Unbewussten zugeordnet.

Die drei transsaturnischen Planeten hingegen gehen mit Themen des kollektiven Unbewussten einher, die mit der Zeitqualität des Zeitpunkts ihrer Entdeckung schon zum Vorschein kamen und die als Oktaven bzw. höhere Schwingungsebenen von persönlichen Planeten gesehen werden können:

Uranus wurde 1781, kurz vor dem Beginn der französischen Revolution mit dem Motto „Freiheit, Gleichheit, Geschwisterlichkeit“ entdeckt und zeigt in seinem Symbol das nach oben zum Himmel hin aus dem Symbol und Zentrum der Sonne („ex-zentrisch“) Herausspringende, d.h. den Übergang von der Monarchie des Sonnenkönigs zur allgemeinen Demokratie.

Uranus ist die Oktave von Merkur, d.h. während sich Merkur auf die Kommunikation und den Austausch im persönlichen Umfeld bezieht, öffnet uns Uranus ins World-Wide-Web des globalen Kommunikations- und Austausch-Netzwerks.

Neptun wurde 1846 entdeckt, mit dem Aufkommen von Psychologie und Parapsychologie und deren PSI-Symbol Ψ, das dem Neptun-Symbol sehr ähnlich ist, bei dem zwei Mondsicheln die Materie des Kreuzes an- bzw. abheben („high“) und in einen mystischen Zustand erheben. Neptun ist die Oktave der Venus, d.h. während sich die Venus auf die zwischenmenschliche Liebe bezieht, öffnet uns Neptun für die überpersönliche Liebe („seid umschlungen, Millionen“).

Pluto wurde 1930 entdeckt in einer Zeit des aufkommenden Nationalsozialismus und des Beginns der Erforschung des Plutoniums, das die Wissenschafter 1942 nach dem Planeten Pluto, dem gleichnamigen Gott der Unterwelt, benannten. Seine infernale Wirkung wurde deutlich beim Abwurf der Plutonium-Bombe am 9. August 1945 auf Nagasaki.

Die Sprengkraft des Pluto zeigt sich auch in seinem Symbol, in dem das seelisch-emotionale Mond-Symbol im Geist-Kreis-Symbol der Sonne eingeschlossen ist.

Psychisch entspricht dieses Symbol einem Zustand, in dem das Gefühl meist von einer Ideologie oder fixen Idee gefangen genommen, unterdrückt oder ganz verdrängt wird, was die Sprengkraft emotionaler Ausbrüche bis hin zu psychotischen und schizophrenen Schüben in sich trägt, was einer inneren „Kernspaltung“ gleichkommt.

Pluto ist die Oktave des Mars, d.h. während sich der Mars auf Kämpfe und Konflikte und kriegerische Auseinandersetzungen zwischen einzelnen Menschen, Gruppen oder Nationen bezieht, ist mit dem Pluto(nium) zum ersten Mal die Möglichkeit einer globalen Zerstörung bewusst geworden.

Von den Wissenschaftern wurden die drei schwersten damals bekannten Elemente Uran, Neptunium und Plutonium nach den kollektiven, transsaturnischen Planeten Uranus, Neptun und Pluto benannt.

Interessant ist auch, dass die Entdeckung der drei transsaturnischen Planeten in folgende Musikepochen fällt:

Uranus wird in der Epoche der Klassik (ca. 1760 bis 1820 n. Chr.) entdeckt: Wolfgang Amadeus Mozart, der als Wassermann-Geborener die Musik im Sinne des Uranus erneuerte und Ludwig van Beethoven, der als Revolutionär nicht nur um Freiheit auf dem Gebiet der Tonkunst rang, sondern auch für die Ideale der Französischen Revolution eintrat.

Neptun erscheint in die Epoche der Romantik (ca. 1820 bis 1890 n. Chr.), in der die Musik die neptunische Erlösungssehnsucht widerspiegelt.

Die Entdeckung von Pluto fällt in die Epoche der Moderne (ab ca. 1900 n. Chr.), die die Formen und Traditionen der bisherigen Musikstile sprengt, z.B. mit den Dissonanzen und der Atonalität der 12-Ton-Musik.

Die sieben Planeten und die sieben Wochentage

Eine verdichtete Interpretation der sieben persönlichen Planeten, die den sieben Wochentagen entsprechen, finden wir als Kurzgedichte in meinem Buch „Wandlung zum inneren Himmel“ (Walch 2007, S. 283-285):

Der Himmel ist in dir durch sieben Wochentage.
Den Weg zum siebten Himmel in kleinen Schritten wage.

Der Himmel ist in dir, als Erster kommt der Mond.
Mit mütterlichem Schutz wirst du gleich reich belohnt.

Der Himmel ist in dir, der Mars, der kommt als Zweiter.
Der Mut, dich zu entscheiden, bringt dich gleich schneller weiter.

Der Himmel ist in dir, der Merkur kommt als Dritter.
Er gleicht die Pole aus und ist dein innrer Mittler.

Der Himmel ist in dir, der Jupiter der Vierte.
Er schenkt dir innre Fülle und ist ein guter Hirte.

Der Himmel ist in dir, die Fünfte ist die Venus.
Sie lehrt die echte Liebe und himmlischen Genuss.

Der Himmel ist in dir, als Sechster kommt Saturn.
Er führt dich auf den Gipfel und leuchtet dir als Turm.

Der Himmel ist in dir, die Sonne kommt hervor.
Zum Licht des siebten Himmels öffnet sich nun das Tor.

Die vier Strukturelemente im Horoskop

Die vier Strukturelemente eines Horoskops sind neben den Planeten die Tierkreiszeichen, die Häuser und die Aspekte, das sind die Winkelstellungen der Planeten zueinander. Wir können uns diese am besten wie die Bezugsebenen eines Theaterstücks vorstellen:

Die Schauspieler repräsentieren die **Planeten**, mit der Frage: **Wer, welcher Archetyp** tritt in Erscheinung?

Die **Tierkreiszeichen** geben die Rolle vor, die Stimmung oder Färbung, in der die archetypische Gestalt des Planeten erscheint, mit der Frage: **Wie** erscheint dieser?

Die **Häuser** vermitteln das Bühnenbild, die Kostüme oder Requisiten, d.h. Zeit und Raum des Stücks, mit der Frage: **Wann und wo** findet das Ereignis statt?

Die **Aspekte** bestimmen die Beziehungen der Schauspieler (Planeten-Archetypen) zueinander, ob harmonisch oder angespannt, mit der Frage: **In welcher Beziehung und auf welche Weise** erscheinen diese?

Mein selber entworfenes Astrosophie-Seminar-Seidentuch

Auf dem Tuch sehen wir auch die Elemente der kosmischen Uhr dargestellt:
1.) die zwei Ziffernblätter:
a) des Tierkreises vom ♈ (Widder) bis zum Zeichen der ♓ (Fische) und
b) der Häuser von 1 - 12, die beide gegen den Uhrzeigersinn verlaufen, gemäß der Anordnung der sichtbaren Sternbilder am Himmel;
2.) die zehn Zeiger der Planeten-Symbole, die als sogenannte Regenten den jeweiligen Tierkreiszeichen zugeordnet sind, wobei ☿ (Merkur) und ♀ (Venus) zweimal erscheinen, da es von beiden eine Erd- und eine Luft-Variante gibt.

Rechts unten sehen wir Sonne ☉ und Mond ☽, die tiefenpsychologisch dem Bewusstsein und dem Unbewussten, aber auch dem Vater- und dem Mutter-Archetyp zugeordnet werden können. Mythologisch stellen sie die Ureltern dar, die sich ca. alle 30 Tage (= jeweils 30 Grad weiter) bei Neumond (wenn Sonne und Mond zusammenkommen) vereinigen und dabei im Laufe eines Jahres alle 12 Tierkreiszeichen zeugen bzw. hervorbringen.

Gleichzeitig gehen von Sonne und Mond die Planetensphären aus. So zeigt die Darstellung auf meinem Tuch von unten nach oben auch die astronomische Abfolge der Planetenbahnen von Merkur bis Saturn in Entsprechung zu den Regenten der jeweiligen Tierkreiszeichen:

Als innerster Planet sehen wir den Merkur ☿, dessen Sphäre vom Luft-Merkur als Regent des Luft-Zeichens Zwillinge ♊ zum Erd-Merkur als Regent des Erd-Zeichens Jungfrau ♍ verläuft.

Als nächsten Planeten finden wir die Venus ♀, deren Sphäre von der Erd-Venus als Morgenstern und als Regentin des Erd-Zeichens Stier ♉ zur Luft-Venus als Abendstern und als Regentin des Luft-Zeichens Waage ♎ reicht.

Auf der auch astronomisch nächsten Bahn begegnen wir dem Planeten Mars ♂, dessen Sphäre als Regent des Feuer-Zeichens Widder ♈ zum Wasser-Zeichen Skorpion ♏ geht, wobei seit der Entdeckung von Pluto ♇ dieser als Hauptregent dem Zeichen Skorpion ♏ zugeordnet wird. Pluto ♇ stellt dabei die Oktave des Mars ♂ dar.

Als Nächster zieht der Planet Jupiter ♃ seine Bahn, dessen Sphäre als Regent des Feuer-Zeichens Schütze ♐ zum Wasser-Zeichen der Fische ♓ verläuft, wobei seit der Entdeckung von Neptun ♆ dieser als Hauptregent den Fischen ♓ zugeordnet wird.

Auf der äußersten Bahn der sieben klassischen Planeten finden wir den Planet Saturn ♄, dessen Sphäre als Regent des Erd-Zeichens Steinbock ♑ zum Luft-Zeichen Wassermann ♒ verläuft, wobei seit der Entdeckung von Uranus ♅ dieser als Hauptregent dem Zeichen Wassermann ♒ zugeordnet wird.

Die vier Jahreszeiten, Elemente, Temperamente und Typen

Außerhalb des Tierkreises sehen wir auf meinem Astrosophie-Seminar-Tuch die jeweils drei Tierkreiszeichen zugeordneten vier Jahreszeiten mit den Symbolen der vier Elemente in den Ecken. Sie entsprechen jenen fixen Tierkreiszeichen, in denen die Qualität der Jahreszeit am deutlichsten hervortritt:

Der Frühling mit dem grünen Erdelement (Dreieck nach unten mit Querbalken) des Tierkreiszeichens Stier ♉ zwischen dem orange-roten Feuerzeichen Widder ♈ und dem gelb-weißen Luftzeichen Zwilling ♊.

Der Sommer mit dem roten Feuerelement (Dreieck nach oben) des Tierkreiszeichens Löwe ♌ zwischen dem blauen Wasserzeichen Krebs ♋ und dem braun-grünen Erdzeichen der Jungfrau ♍.

Der Herbst mit dem blauen Wasserelement (Dreieck nach unten) des Tierkreiszeichens Skorpion ♏ zwischen dem gelb-weißen Luftzeichen Waage ♎ und dem orange-roten Feuerzeichen des Schützen ♐.

Der Winter mit dem weißen Luftelement (Dreieck nach oben mit Querbalken) des Tierkreiszeichens Wassermann ♒ zwischen dem braun-grünen Erdzeichen des Steinbocks ♑ und dem blauen Wasserzeichen der Fische ♓.

Alle vier Dreiecke zusammen bilden das Hexagramm, den Sechsstern, der aus zwei aufeinander gelegten gleichseitigen Dreiecken gebildet wird und ein Symbol der Gegensatzvereinigung der männlichen Elemente Feuer und Luft und der weiblichen Elemente Wasser und Erde darstellt.

Die männlichen Elemente Feuer und Luft und deren Tierkreiszeichen entsprechen der Yang-Qualität und dem extravertierten Einstellungstyp nach C. G. Jung.

Die weiblichen Elemente Wasser und Erde und deren Tierkreiszeichen entsprechen der Yin-Qualität und dem introvertierten Einstellungstyp.

„Die Versuche des menschlichen Geistes, Typen zu konstruieren und damit Ordnung in das Chaos der Individuen zu bringen sind uralt. Den ältesten nachweisbaren Versuch dieser Art hat die dem alten Orient entstammende Astrologie unternommen." (Jung 1971)

Die vier Elemente, die auf Empedokles (495-435 v. Chr.) zurückgehen, können wir den vier Körpersäften (lat. „humores", Humorallehre) nach Hippokrates (ca. 460–370 v. Chr.), den vier Temperamenten nach Galen (2. Jh. n. Chr.) sowie den vier Funktionstypen des Bewusstseins nach C. G. Jung zuordnen: So entsprechen dem Element Feuer die Tierkreiszeichen Widder, Löwe und Schütze (= Feuer-Trigon), die „gelbe Galle", der Choleriker und der Empfindungstypus.

Dem Element Luft sind die Tierkreiszeichen Zwilling, Waage und Wassermann (= Luft-Trigon), das Blut, der Sanguiniker und der Intuitionsstypus zugeordnet.

Das Element Erde korrespondiert mit den Tierkreiszeichen Stier, Jungfrau und Steinbock (= Erd-Trigon), mit der „schwarzen Galle", dem Melancholiker und dem Denktypus.

Das Element Wasser bestimmt die Tierkreiszeichen Krebs, Skorpion und Fische (= Wasser-Trigon), den Schleim, den Phlegmatiker und den Fühltypus.

Die vier Elemente fordern uns zur eigenen Wandlung heraus, wie ich es in meinem Gedicht „Wandlung der Elemente" (Walch 2007, S. 186) zum Ausdruck bringe:

Wandlung der Elemente

Wie das **Wasser** wandle dich:
Fließend von den höchsten Höhen,
strömend bis zum tiefsten Schlund,
wogend wie die Wellen wiegen,
stillend wie der Meeresgrund.

Wie das **Feuer** wandle dich:
Flammend wie in Feuerzungen,
brennend wie der Liebe Herz,
lodernd wie von Geist durchdrungen,
schmelzend aus dem Spannungsschmerz.

Wie die **Erde** wandle dich:
Tragend wie der feste Boden,
nährend wie die Mutterbrust,
bergend wie von Stoff umwoben,
grünend wie des Frühlings Lust.

Wie die **Luft** so wandle dich:
Wehend wie das Blatt im Winde,
stürmend so wie ein Orkan,
hauchend wie von einem Kinde,
atmend wie der Ozean.

Die drei Qualitäten und die drei Kreuze der Tierkreiszeichen

Die auf meinem Astrosophie-Seminar-Tuch jeweils drei Tierkreiszeichen zugeordneten vier Jahreszeiten verlaufen in einer Abfolge von jeweils drei Phasen, die den Qualitäten der jeweiligen Tierkreiszeichen entsprechen.

Diese drei Qualitäten werden als **kardinal, fix** und **beweglich** bezeichnet und stellen einen Dreischritt dar, der in allen Übergängen und Prozessen zu finden ist, z.B. als initiieren, konkretisieren und transzendieren oder als die drei Aggregatszustände flüssig, fest und gasförmig oder als seelische, körperliche und geistige Wirklichkeit oder als erschaffende, bewahrende und umwandelnde Kraft.

Sie werden sowohl der christlichen Trinität (Vater - Sohn - Heiliger Geist) als auch den indischen Gottheiten Brahma, Vishnu und Shiva zugeordnet sowie den drei Eigenschaften der Natur, wie sie im Yoga als die drei Gunas, das hervorbringende Rajas-, das verdichtende Tamas- und das ausgleichende Sattva-Prinzip, die den alchemistischen Prinzipien Sulphur (Schwefel), Sal (Salz) und Mercurius (Quecksilber) entsprechen sowie den Planeten Jupiter, Saturn und Merkur.

Auf die Jahreszeiten bezogen entspricht die kardinale Qualität bzw. das kardinale Kreuz dem Durchbruch, Neuanfang und Beginn der jeweiligen Jahreszeit: der Widder ♈ dem Durchbruch des Frühlings, der Krebs ♋ dem Anfang des Sommers, die Waage ♎ dem Herbstbeginn und der Steinbock ♑ dem Winteranfang.

Die fixe Qualität bzw. das fixe Kreuz finden wir am Höhepunkt, in der Kulmination und im deutlichsten Hervortreten der jeweiligen Jahreszeit: am Höhepunkt des Aufblühens im Frühlings im Stier ♉ („Wonnemonat Mai"), am Höhepunkt der hochsommerlichen Hitze im Löwen ♌ („Hundstage"), am Höhepunkt des herbstlichen Loslassens im Skorpion ♏ („Totenfeste") und am Höhepunkt der klirrenden Eiseskälte des Winters im Wassermann ♒.

Die bewegliche Qualität bzw. das bewegliche Kreuz erleben wir als Abschluss, Herauslösung und Abrundung der jeweiligen Jahreszeit: zum Abschluss des Frühlings im Zwilling ♊, dem Ende des Sommers in der Jungfrau ♍, in der Abrundung des Herbstes im Schützen ♐ und in der Herauslösung aus dem Winter in den Fischen ♓.

Die drei Qualitäten in der christlichen Symbolik

Die kardinalen Tierkreiszeichen und Zeitqualitäten kommen in den vier Erzengeln zum Ausdruck:

Dabei wird dem Widder ♈ der Erzengel Gabriel, d.h. hebräisch „die zeugende Kraft Gottes“ zugeordnet. Die Endung -el steht hebräisch für Gott, d.h. die Erzengel sind Aspekte des Göttlichen, so wie die Archetypen Aspekte, Erscheinungsformen und „Verkleidungen“ des Selbst sind (vgl. Neumann 1959, S. 77).

Das Fest des Erzengels Gabriel ist Maria Verkündigung am 25.3., wo er durch eine zeugende Geste den Heiligen Geist in Form einer Taube in den Schoß von Maria sendet (neun Schwangerschaftsmonate vor der Geburt Jesu an Weihnachten).

Dem Tierkreiszeichen Krebs ♋ wird der Erzengel Raphael d.h. „die heilende Kraft Gottes“ zugeordnet, die auch die heilende Kraft des Elements Wasser umfasst.

Das Zeichen der Waage ♎ entspricht dem Erzengel Michael, d.h. „Wer ist wie Gott“, der in der sakralen Kunst oft mit der Waage als Seelenwäger beim jüngsten Gericht erscheint, so wie der ibisköpfige Thot im altägyptischen Totengericht, der wie der griechische Hermes bzw. der römische Merkur einen Psychopompos d.h. griechisch „Seelengeleiter“ darstellt, der wie der Erzengel Michael die Seelen der Verstorbenen ins Jenseits geleitet. Auch die Sonne tritt zu Beginn der Waage in die „Unterwelt“ des dunklen Herbst- und Winterhalbjahres ein. Daher steht das Michaelsfest am 29.9. in Verbindung mit der Herbst-Tag-und-Nacht-Gleiche.

Dem Steinbock ♑ wird der Erzengel Uriel, d.h. „das Licht Gottes“ zugeordnet sowie der Wintersonnenwende ab der das Licht der Sonne wieder zunimmt.

Ein altes hebräisches Gebet ruft die vier kardinalen Qualitäten in Gestalt der vier Erzengel an und stellt sie schützend um uns:

„Zu meiner Rechten Michael und zu meiner Linken Gabriel, vor mir Uriel und hinter mir Raphael; und über meinem Haupt die Schechinah“ (= Sophia), die weibliche Präsenz und Gegenwart Gottes inmitten der Welt. Sie entspricht am kabbalistischen Lebensbaum „Malchut“ („der königlichen Würde“), der tiefsten der zehn göttlichen Emanationen (= Sephiroth) und wird gleichgesetzt mit der Schechinah, der Einwohnung Gottes auf Erden.

Die fixen Tierkreiszeichen und Zeitqualitäten finden sich in den vier Evangelisten-Darstellungen:

Dem Zeichen Stier ♉ entspricht der Evangelist Lukas, der oft von einem Stier begleitet dargestellt wird.

Den Löwen ♌ finden wir in Zusammenhang mit dem Evangelisten Markus (z.B. in den Goldmosaiken von San Marco in Venedig; Gold entspricht dem Löwen).

Dem Skorpion ♏ wird der Evangelist Johannes zugeordnet, der oft mit dem Adler als transformierter Skorpion (als Phönix aus der Asche) erscheint. Auch am Sternenhimmel können wir oberhalb des Skorpions das Sternbild des Adlers sehen.

Dem Wassermann ♒ entspricht der Evangelist Matthäus, der mit der Symbolik des Engels-Menschen dargestellt wird als Ausdruck des kosmisch-humanistischen Zeichens des Wassermanns.

Alle vier Begleiter der vier Evangelisten entstammen ursprünglich den vier Gestirnwesen, die in der Vision des Propheten Ezechiel (Ez. 1,10) das Himmelsgewölbe und über ihm den Thron Gottes tragen.

Ikone von der Vision des Propheten Ezechiel

Die drei Qualitäten in Beziehung zu den Festen im Jahreskreis

Die beweglichen Tierkreiszeichen und Zeitqualitäten umfassen folgende vier Übergangs-, Vorbereitungs- und Festzeiten:

Die Pfingstfestzeit, 50 Tage nach Ostern, mit der Sonne im Zeichen des Zwillings ♊, der (mit dem Luft-Merkur ☿ als Regent) die Sprachen und die Geistqualität des Pfingstgeistes vermittelt: „Und alle wurden vom Heiligen Geist erfüllt und begannen, in anderen Sprachen zu reden, wie es der Geist ihnen eingab." (Apostelgeschichte, Kap. 2,4. Bibel 2016)

Die Erntezeit als Übergangszeit, während die Sonnenbahn durch das Zeichen der Jungfrau ♍ verläuft, die auch als Jungfrau mit der Ähre (= Hauptstern Spica im Sternbild der Jungfrau) dargestellt wird und das Getreide einholt, um durch das nach der Jungfrau-Zeit beginnende Herbst- und Winterhalbjahr zu kommen (vgl. Walch 2007, Kap. „Alchemie des Brotes"). In der Jungfrau-Zeit finden auch die meisten Feste der Jungfrau Maria statt.

Die Zeit des Advent als Vorbereitungszeit auf Weihnachten, während die Sonne durch das Zeichen des Schützen ♐ geht, wenn vor der Wintersonnenwende die Licht-Sehnsucht am stärksten ist. Diese kommt durch die Sehne des Schütze-Bogens und durch das zunehmende (innere) Licht der vier Kerzen (= vier Elemente) am Adventskranz zum Ausdruck, während sich das äußere Licht zurückzieht und bis zum tiefsten Punkt hinabsteigt.

Die Fastenzeit als Vorbereitungszeit auf Ostern mit der Sonne im Zeichen der Fische ♓: Nun geht es darum, sich ganz herauszulösen aus vordergründiger, weltlicher Anpassung und sich einzulassen auf „Die Erfahrung der Einheitswirklichkeit und die Sympathie aller Dinge" (Neumann 1956a).

Die vier kardinalen Tierkreiszeichen und Zeitqualitäten können wir auf die vier Haupt-Feste im Jahreskreis beziehen:

Ostern (am Sonntag, der dem ersten Vollmond nach der Frühling-Tag-und-Nacht-Gleiche folgt) in der Frühlings- und Auferstehungszeit der Sonne im Zeichen des Widders ♈ mit seiner Auferstehungssymbolik, die mit der MAN-Rune ᛉ verwandt ist als Symbol der aufsteigenden Sonnen- und Lebenskraft. Eine ausführliche Beschreibung findet sich im Kapitel „Das Ostermysterium und die sieben Tage der Karwoche".

Das Johannisfest, das Hochfest der Geburt von Johannes dem Täufer am 24. 6., das mit der Sommersonnenwende in Verbindung steht, an der die Sonne in das Zeichen des Krebses ♋ eintritt.

Michaeli, das Fest des Erzengels Michael am 29.9., das mit dem Zeichen der Waage ♎ korrespondiert, in das die Sonne mit der Herbst-Tag-und-Nacht-Gleiche eintritt.

Weihnachten, das Fest der Geburt Jesu am 25.12., das mit der Wintersonnenwende, der „Neugeburt des Lichts“ in Verbindung steht, wenn die Sonne in das kardinale Zeichen Steinbock ♑ eintritt. Eine ausführliche Beschreibung findet sich im Kapitel „Der Weihnachtsfestkreis und die zwölf heiligen Nächte“.

Den vier fixen Tierkreiszeichen und Zeitqualitäten können wir folgende vier Feste im Jahreskreis zuordnen:

Das Fest Christi Himmelfahrt, das 40 Tage nach Ostern meist im Zeichen des Stiers ♉ begangen wird, aber auch bei spätem Ostertermin im Zeichen Zwilling ♊ stattfinden kann, vermittelt diese Übergänge zwischen Erde und Himmel, so wie Angelus Silesius dichtet:

Der Himmel senket sich, er kommt und wird zur Erden.
Wann steigt die Erd empor und wird zum Himmel werden?

(Silesius 1979, S. 65)

Das Fest Verklärung Christi am Berg Tabor am 6. 8. mitten in der Zeit des Sonnen-Zeichens Löwe ♌, in der die „Erleuchtung“ Christi sichtbar wird:

„Und er wurde vor ihren Augen verwandelt; sein Gesicht leuchtete wie die Sonne und seine Kleider wurden blendend weiß wie das Licht.“ (Mt 17,2. Bibel 2016)

Allerheiligen, Allerseelen und viele Totenfeste begehen wir in der Zeit des Todes- und Wandlungs-Zeichens Skorpion ♏.

Das Fest Maria Lichtmess, 40 Tage nach Weihnachten, am 2. 2., das heute als Fest der Darstellung des Herrn (im Tempel) bezeichnet wird, wo der greise Simeon über den Jesusknaben prophezeit, er sei „ein Licht, das die Heiden erleuchtet“ (Lk 2,32. Bibel 2016), findet mitten in der Zeit des Wassermanns ♒ statt.

Hier eine Übersicht (aus meinen Seminarskripten) über die Zuordnungen der christlichen Feste zum Jahres- und Tierkreis (im Uhrzeigersinn angeordnet):

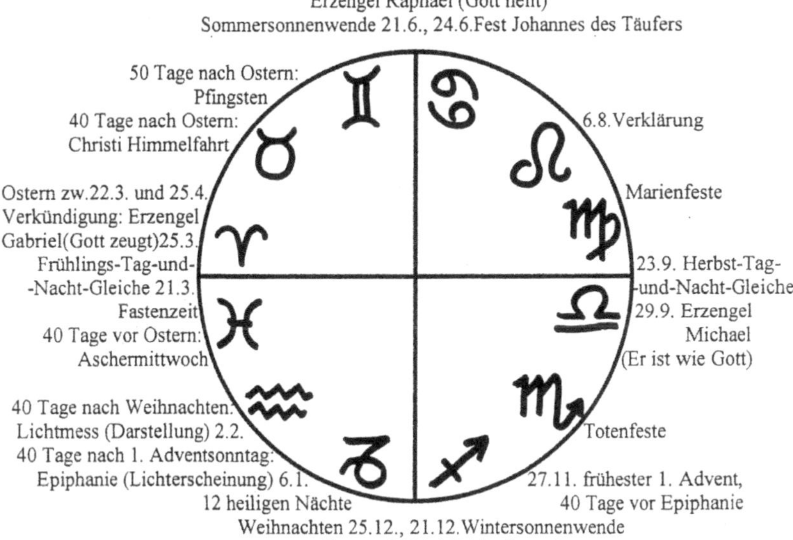

Erich Neumann macht uns deutlich, „dass die Wandlungsfeste und -riten fast immer mit der Einteilung des Jahres in Übereinstimmung gebracht werden. Das heißt: die Natursymbolik der psychischen Wandlungsphänomene wird nicht nur als solche erfasst, sondern in ihrer echten Identität von Innen und Außen realisiert: neues Bewusstsein, Lichtgeburt und Wintersonnenwende; Auferstehung, Wiedergeburt und Frühling; Introversion, Höllenabstieg, Hadesfahrt und Herbst gehören ebenso zusammen wie Todesgang, Westen und Abend; Sieg, Osten und Morgen.“ (Neumann 1955/1995, S. 20)

Das Ziffernblatt der Tierkreiszeichen und deren Signaturen

Das Ziffernblatt der Tierkreiszeichen umfasst die zwölf Stadien der jährlichen Sonnenbahn, dargestellt durch deren kosmische Signaturen. D.h. die archetypischen Symbole der Tierkreiszeichen sind Sonnen-Zeichen und spiegeln das jeweilige Stadium und Thema der Sonne beim alljährlichen Durchgang durch diesen Zeit-Raum wieder. Die Sonne als Repräsentant des Bewusstseins durchläuft das archetypische Feld des Tierkreises als ein Ganzheitsaspekt des kollektiven Unbewussten. Die Tierkreis-Signaturen sind Ausdruck der darin enthaltenen psychischen Energie („Libidosymbole"- Jung 1972 /73, Band 1, S. 45).

Im Symbol des Tierkreiszeichens **Widder** ♈ sehen wir nicht nur die Widderhörner, sondern eine archetypische Gestalt bzw. Gebärde des Aufbrechens, Durchstoßens und Hervortretens des neuen Lebens, das wir als Geburt der Sonne bezeichnen können, die sich genau an dem Punkt des Jahreskreises ereignet, wo die Tage wieder länger werden wie die Nächte (vgl. Neumann 1949/2004, Kapitel: Die Geburt des Helden). Eine ältere Deutung geht auf die MAN-Rune ᛘ zurück als Symbol der aufsteigenden Sonnen- und Lebenskraft.

Das Symbol des Tierkreiszeichens **Stier** ♉ soll nicht nur die Stier-Hörner darstellen, sondern eine Kombination von Kreis (= Sonnen-Wesen, das im Widder geboren wurde) und Schale (= Mond als mütterlich nährende Seite sowie als Mund, über den die Nahrung aufgenommen wird). Dies entspricht dem positiven Elementarcharakter des Archetyps der großen Erd-Mutter (vgl. Neumann 1956).

Das Tierkreiszeichen der **Zwillinge** ♊ symbolisiert nicht nur die Zweiheit im Sinne der römischen Ziffer für zwei und die Erfahrung von Polaritäten, sondern diese beiden senkrechten Striche werden von unten und oben durch je eine Schale ergänzt, die von unten die irdische Nahrung von „Mutter Erde" und von oben die himmlische Nahrung von „Vater Sonne" aufnimmt (vgl. Neumann 1949/2004, Unterkapitel: Die Entstehung des Gegensatzprinzips).

In der Symbolik des Tierkreiszeichens **Krebs** ♋ kommen nicht nur die beiden Zangen des Krebses zum Ausdruck, sondern die beiden Kreise entsprechen der Sonne in zwei verschiedenen Phasen und die Bögen zeigen die aufsteigende und die absteigende Sonnenbahn an, die sich genau am Zeitpunkt der Sommersonnenwende, dem Beginn des Zeichens Krebs, treffen.

Das Tierkreissymbol des **Löwen** ♌ zeigt nicht nur einen Löwenschwanz, sondern der Kreis steht wiederum für die Sonne, die im Zeichen des Löwen (= Sonnen-Zeichen) zu ihrer stärksten Wirkung kommt, dargestellt durch den Bogen nach oben.

Das Symbol des Tierkreiszeichens **Jungfrau** ♍ soll nicht nur ein stilisiertes M im Sinne des Marien-Monogramms darstellen, da während der Jungfrau-Zeit die meisten Marienfeste stattfinden, sondern eine weitergehende Deutung des Zeichens vermitteln. Ein wesentliches Thema der Jungfrau ist das der Ernährung. Die drei nach unten weisenden Bögen des Jungfrau-Zeichens beziehen sich auf Körper, Seele und Geist während der vierte, kleinere, abschließende Bogen diesen drei Ebenen Nahrung zuführt.

Im Symbol des Tierkreiszeichens **Waage** ♎ sehen wir nicht nur eine Waage abgebildet, sondern in der Rundung des oberen Teils des Symbols können wir uns wieder die Sonne vorstellen, die gerade bei Sonnenuntergang durch die waagrechte Meeresoberfläche (= unterer Teil des Symbols) zur „Nachtmeerfahrt des Sonnengottes" eintaucht.

In der Symbolik des Tierkreiszeichens **Skorpion** ♏ wird nicht nur der Skorpion-Stachel sichtbar („Tod, wo ist dein Stachel?" - 1Kor.15,55. Bibel 2016), sondern wir finden wie beim Zeichen Jungfrau ein M als Grundstruktur.

Im Sternkatalog des Almagest von Ptolemäus werden dem Zeichen Waage, das sich zwischen Jungfrau und Skorpion befindet, die „Scheren des Skorpions" zugeordnet. In noch älterer Zeit wurden die drei Zeichen Jungfrau, Waage und Skorpion als ein großes Herbststernbild im alten zehnteiligen Tierkreis betrachtet und durch das M dargestellt, das auf die YR- bzw. Sterbe-Rune ᛦ zurückgeht als Symbol der herbstlich absteigenden Sonnen- und Lebenskraft. Im Zeichen Skorpion wird neben der absteigenden Symbolik oft der „Stachel" umgewandt nach oben dargestellt, was auf das Skorpion-Thema des „Stirb und werde" hinweist, das am eindrücklichsten von Goethe (dessen Aszendent im Skorpion war) in seinem Gedicht „Selige Sehnsucht" (Goethe 1982, S. 60) zum Ausdruck gebracht wurde:

Selige Sehnsucht

Sagt es niemand, nur den Weisen,
Weil die Menge gleich verhöhnet,
Das Lebend'ge will ich preisen,
Das nach Flammentod sich sehnet.

In der Liebesnächte Kühlung,
Die dich zeugte, wo du zeugtest,
Überfällt dich fremde Fühlung,
Wenn die stille Kerze leuchtet.

Nicht mehr bleibest du umfangen
In der Finsternis Beschattung,
Und dich reißet neu Verlangen
Auf zu höherer Begattung.

Keine Ferne macht dich schwierig,
Kommst geflogen und gebannt,
Und zuletzt, des Lichts begierig,
Bist du Schmetterling verbrannt.

Und so lang du das nicht hast,
Dieses: Stirb und werde!
Bist du nur ein trüber Gast
Auf der dunklen Erde.

Das Symbol des Tierkreiszeichens **Schütze ♐** soll nicht nur einen Pfeil an der Sehne eines Bogens darstellen, sondern ist als Weiterführung des Stachels des Skorpions zu sehen, der nach der „Höllenfahrt" in einen Pfeil in Richtung Himmel übergeht. Die Sehne des Bogens drückt nicht nur das Sehnen nach der „Himmelfahrt" hin zum Göttervater Zeus bzw. Jupiter (als Regent des Schützen) auf der Spitze des Olymp aus, sondern auch die Sehnsucht nach dem Licht in dieser noch bis zur Wintersonnenwende absteigenden Sonnenbahn.

Die Gestalt des Schützen, die auch als Kentaur mit Pferde-Unterleib und Menschen-Oberkörper dargestellt wird und seinem Pfeil nach oben auf die Götterwelt zielt, verkörpert die Sehnsucht nach evolutionärer Entwicklung von der Tierwelt über die menschliche Welt bis hin zur Welt der Götter (vgl. Rumi-Gedicht oben, in: Schimmel 2017 und „Ich habe gesagt: Ihr seid Götter"- Joh. 10,34. Bibel 2016).

Das Tierkreiszeichen des **Steinbocks ♑** symbolisiert nicht nur eine Seitenansicht des Horns des Steinbocks, sondern ist wiederum ein Sonnen-Zeichen, in dem der Kreis die Sonne darstellen soll, die an ihrem tiefsten Punkt mit Beginn des Zeichens zur Wintersonnenwende steht („Die Sonne um Mitternacht schauen") und wieder anfängt aufzusteigen bis zur oberen waagrechten Linie, die wir vom Zeichen Waage als Horizont der Tag-und-Nacht-Gleiche kennen. Die Redewendung „Die Sonne um Mitternacht schauen" stammt von Apuleius und dessen Einweihung in die Isis-Mysterien (in: Schult 1986, S. 371) und kommt auch in meinem Gedicht „Oh Sonne!" zum Ausdruck (Walch 2007, S. 101):

Oh Sonne

So golden leuchtest Du,
Du Sonne aller Sonnen;
erhellst uns immerzu,
Du Wonne aller Wonnen.

Selbstlos sind Deine Strahlen,
erfüllt von Schöpferkraft,
auf dass sie ewig malen
mit höchster Meisterschaft.

Du bist das ew'ge Licht,
nach dem wir alle streben,
bis wir um Mitternacht
uns ganz zu Dir erheben.

In der Symbolik des Tierkreiszeichens **Wassermann** ♒ sehen wir zwei übereinander liegende Wellenlinien, die wie Wasser aussehen. Schon am zweiten Tag der Genesis „sprach Gott: Ein Gewölbe entstehe mitten im Wasser und scheide Wasser von Wasser. Gott machte also das Gewölbe und schied das Wasser unterhalb des Gewölbes vom Wasser oberhalb des Gewölbes. So geschah es und Gott nannte das Gewölbe Himmel." (Gen. 1,6-8. Bibel 2016) Somit können wir von einem oberen, himmlischen Wasser und einem unteren, irdischen Wasser sprechen. Und da der Wassermann kein Wasser-, sondern ein Luftzeichen darstellt, können wir davon ausgehen, dass es sich beim oberen Wasser um „energetisches" Geist-Wasser handelt und um eine Geist-Taufe wie es Johannes der Täufer bezeugte: „Ich sah, dass der Geist vom Himmel herabkam wie eine Taube und auf ihm blieb. … er, der mich gesandt hat, mit Wasser zu taufen, er hat mir gesagt: Auf wen du den Geist herabkommen und auf ihm bleiben siehst, der ist es, der mit dem Heiligen Geist tauft." (Joh. 1,32-33. Bibel 2016)

Eine weitere Variante dieses Geist-Wassers finden wir im „Wasser des Lebens": „Und er zeigte mir einen Strom, das Wasser des Lebens, klar wie Kristall; er geht vom Thron Gottes und des Lammes aus." (Offb. 22,1. Bibel 2016)

Johann Wolfgang von Goethe vergleicht die Seele mit dem Wasser- und das Schicksal mit dem Luftelement und beschreibt in seinem Gedicht „Gesang der Geister über den Wassern" den ganzen Wandlungsprozess des

Wassers zwischen Himmel und Erde, der mit den beiden Wellenlinien des Zeichens Wassermann in Beziehung gebracht werden kann: Die erste und die letzte Strophe lauten

Des Menschen Seele
Gleicht dem Wasser:
Vom Himmel kommt es,
Zum Himmel steigt es,
Und wieder nieder
Zur Erde muss es,
Ewig wechselnd.

Seele des Menschen,
Wie gleichst du dem Wasser!
Schicksal des Menschen,
Wie gleichst du dem Wind!

(Goethe 1982a, S. 242/243)

Das Symbol des Tierkreiszeichens **Fische** ♓ stellt zwei Fische dar, die mit einem Band verbunden sind, das wie eine Nabelschnur mit dem Bezug zum Embryonalzustand des Fische-Zeichens aussieht, und von denen der eine nach unten ins Unbewusste, der andere nach oben ins Bewusstsein schwimmt. Dieses waagrechte Band verbindet wie eine Zeitachse zwei Bögen oder Klammern, durch die ein Vorher und Nachher abgegrenzt wird. So steht das Zeichen der Fische am Ende des Tierkreises und Lebens-Rades (= Zodiak = griech. von „zoe" = Leben und „diakos" = Rad) und soll damit einen Zwischen-Zeit-Raum symbolisieren, der nach dem Tod und vor der Neu-Geburt im Zeichen des Widders liegt. Diesen Zwischenzustand, im Tibetischen Totenbuch als „Bardo" bezeichnet, kennen wir sowohl im Tibetanisch-Buddhistischen als auch im Christlichen (vgl. Rosenberg 2000) als einen Zustand im Leben nach dem Tod.

Übersicht der archetypischen Tierkreis-Zuordnungen

Archetypische Zuordnungen der zwölf Tierkreiszeichen

Symbol	Zeichen	Element	Röm.-griech. Mythen-Gestalt	Archetypisches Thema
♈	Widder	Feuer	Mars/Ares	Held, Kampf, Durchsetzung
♉	Stier	Erde	Erd-Venus/Aphrodite	Erd-Archetyp, Natur, Haus
♊	Zwilling	Luft	Luft-Merkur/Hermes	Gegensatzprinzip, Mittler, Polarität
♋	Krebs	Wasser	Mond/Luna/Selene	Mutter- und Kind-Archetyp, Spiegel
♌	Löwe	Feuer	Sonne/Sol/Helios	König, Zentrum, Mittelpunkt
♍	Jungfrau	Erde	Erd-Merkur/Hermes	Maria, Ernte, Kornsymbolik
♎	Waage	Luft	Luft-Venus/Aphrodite	Hl. Hochzeit, Kunst, Gerechtigkeit
♏	Skorpion	Wasser	Pluto/Hades	Unterwelt, Tabu, Schatten, Magie
♐	Schütze	Feuer	Jupiter/Zeus	Expansion, Sinn, Priester, Kentaur
♑	Steinbock	Erde	Saturn/Kronos	Grenze, Zeit, Hüter der Schwelle
♒	Wassermann	Luft	Uranus/Uranos/Kairos	Erneuerung, Narr, Sprung, Himmel
♓	Fische	Wasser	Neptun/Poseidon	Synthese, Mystik, Einheitswirklichkeit

Zuordnung von Staaten zu den zwölf Tierkreiszeichen

Symbol	Zeichen (Regent)	Staaten	Bezug
♈	Widder (Mars)	Marokko	Rote Flagge mit Fünfstern (=Mars-Widder), Mars-Meteorit am 18. Juli 2011 in Marokko niedergegangen (bisher nur fünf Mars-Meteoriten-Einschläge weltweit), 2013 wurde in Marokko eine vierwöchige wissenschaftliche Mars-Feldsimulation durchgeführt.
♉	Stier (Erd-Venus)	Spanien	Der Stier ist das Wahrzeichen und Symbol Spaniens. Er steht vor allem für die lange Stierkampftradition des ganzen Landes und den Stierrennen, die in einigen Städten bzw. Dörfern seit langer Zeit durchgeführt werden.
♊	Zwilling (Luft-Merkur)	Belgien	Zwei Volksgruppen: Im Norden die Flamen, die niederländisch sprechen und im Süden die Wallonen, die französisch sprechen. In Brüssel befinden sich die wichtigsten Entscheidungszentren der Europäischen Union: Das Europäische Parlament, die Europäische Kommission, der Europäische Rat und der Rat der EU sowie der Wirtschafts- und Sozialausschuss und der Ausschuss der Regionen (=Zwilling-Merkur-Themen).
♋	Krebs (Mond)	Italien	„Madonna, Mama und Bambini", Besonderheit: Latte-Madonnen: Stillende Marien-Abbildungen (Themen: Mond-Krebs, Mutter-Kind, Milch-Brust); „Mare": Italien ist vom Meer umgeben (Mond-Krebs-Wasserzeichen).

Symbol	Zeichen (Regent)	Staaten	Bezug
♌	Löwe (Sonne)	Frankreich	Ludwig VIII., genannt der Löwe („le Lion"), war von 1223 bis zu seinem Tod König von Frankreich; Ludwig XIV., genannt der Sonnenkönig („Roi-Soleil"), von 1643 bis zu seinem Tod 1715 König von Frankreich, war nach 72-jähriger Regentschaft einer der am längsten herrschenden Monarchen der neuzeitlichen Geschichte; der Löwe von Belfort (Wahrzeichen und monumentale Steinskulptur) erinnert an den Widerstand Belforts im Deutsch-Französischen Krieg 1870/71.
♍	Jungfrau (Erd-Merkur)	Schweiz	Jungfrau (Berg), Jungfraujoch, Versicherungen, Banken, Schweizer Uhren und Handwerk, Heidi-Land, die saubere Schweiz, Gesundheitsthemen, Internationales Komitee vom Roten Kreuz mit Sitz in Genf (Schweizer Flagge mit weißem Kreuz auf rotem Grund).
♎	Waage (Luft-Venus)	Österreich	Flagge rot-weiß-rot: Weißer Balken entspricht dem Schwertgurt von Leopold V., Herzog von Österreich, den er über die Hüften (=Waage) getragen hat, während das restliche Gewand im Dritten Kreuzzug blutgetränkt rot wurde. Neutrales Land der Diplomatie, mit Sitz der UNO mit Büros für Frieden und Sicherheit und für Abrüstungsfragen in Wien (=Friedenszeichen Waage).
♏	Skorpion (Pluto)	Deutschland	Pluto-Skorpion-Themen in destruktiver Weise im Nationalsozialismus, in integrativer Weise in Goethes „Faust" (Goethe hatte einen Skorpion-Aszendenten), deutsche Flaggenfarben entsprechen alchemistischen Wandlungsphasen: Vom Schwarz der „nigredo"-Phase über das Rot der „rubedo"-Phase bis zum Gold, das für den Stein der Weisen steht; Ausspruch aus den Befreiungskriegen: „Aus der Schwärze der Knechtschaft durch blutige Schlachten (rot) ans goldene Licht der Freiheit."

Symbol	Zeichen (Regent)	Staaten	Bezug
♐	Schütze (Saturn)	USA	„Land der unbegrenzten Möglichkeiten", „Let´s make America great again", alles eine Nummer zu groß: Wolkenkratzer, Autos, Highways; Waffen (Schütze), weltweite „Schutzmacht", Machtausdehnung (Jupiter) bis ins Universum: Raumfahrt und „star wars".
♑	Steinbock (Saturn)	Großbritannien	Sehr förmlich, ordnungsliebend, wertkonservativ; Elite-Unis Oxford und Cambridge; schwarzer Humor, schwarze Taxis, schwarze Zylinder-Hüte, Big Ben ursprünglich „Clock Tower" (Uhr-Zeit-Kronos-Saturn), „five o´clock tea", Rock-Musik (rock=Fels=Steinbock-Saturn)
♒	Wassermann (Uranus)	Russland	Russische Revolution 1905, Februarrevolution und Oktoberrevolution 1917; Raumfahrt (=Uranus): Erster Erdsatellit Sputnik 1 im Oktober 1957 und Juri Gagarin im April 1961 als erster Mensch im Weltall und Erdorbit, 1963: Erste Frau im All, 1970: Erster ferngesteuerter Roboter und Fahrzeug im All auf dem Mond, 1986: Erste dauerhaft bemannte Raumstation („Mir"). Von 2011 bis 2020 war das russische Raumschiff Sojus das einzige, das Astronaut*innen zur Internationalen Raumstation (ISS) gebracht hat.
♓	Fische (Neptun)	Portugal	Besonderer Bezug zu Fischen und Meeresfrüchten, Fischer- und Angler-Reisen, Rota Vicentina – Fischerweg; Portugal hat fast 3000 Kilometer Küste (Fische= Wasserzeichen, Neptun= Meeresgott); im 15. und 16. Jahrhundert stieg Portugal zur führenden Seefahrernation der Welt auf (Fische Thema); portugiesische Kapitäne entdeckten Brasilien, fuhren als erste auf dem Seeweg nach Indien und umrundeten die ganze Welt.

Zwölf Tierkreiszeichen-Menschentypen

Symbol	Zeichen	Menschentyp
♈	Widder	Der kämpferische Ich-Mensch
♉	Stier	Der aufbauende Besitz-Mensch
♊	Zwilling	Der bewegte Kommunikations-Mensch
♋	Krebs	Der mütterliche Gefühls-Mensch
♌	Löwe	Der königliche Kreativ-Mensch
♍	Jungfrau	Der arbeitende Anpassungs-Mensch
♎	Waage	Der harmonische Du-Mensch
♏	Skorpion	Der leidenschaftliche Prinzipien-Mensch
♐	Schütze	Der großzügige Entwicklungs-Mensch
♑	Steinbock	Der väterliche Ordnungs-Mensch
♒	Wassermann	Der erneuernde Team-Mensch
♓	Fische	Der mystische Symbol-Mensch

Zwölf Tierkreis-Entwicklungs- und Individuationsthemen

Symbol	Entwicklungs- und Individuationsthemen der Tierkreiszeichen
♈	Vom egoistisch getriebenen Widder-Bock zum bereitwillig sich aufopfernden Auferstehungs-Lamm
♉	Vom besitz- und genusssüchtigen Stier-Bullen zum erdverbundenen, bodenständigen Naturliebhaber
♊	Vom hin und her gerissenen Nervenbündel zum Meister im Umgang mit der Polarität
♋	Vom zurück in den Mutterschoß sinkenden Regressiven zum Eingeweihten in die matriarchalen Mysterien
♌	Vom machtbesessenen Monarchen zum musisch-spielerisch-schöpferisch Kreativen
♍	Vom misstrauischen Zweifler zum „Prüfet alles und das Gute behaltet" (Paulus - 1 Thess. 5,21. Bibel 2016)
♎	Vom endlos abwägenden Entscheidungsunfähigen zum harmonisch-ausgewogenen Beziehungsmenschen
♏	Vom bohrend-giftigen Prinzipienreiter (Skorpion) zum durch das Stirb und Werde hindurch gegangenen Adler (Phönix aus der Asche)
♐	Vom übertreibenden Großmaul zum weitsichtigen und ganzheitlichen Visionär
♑	Vom versteinert-depressiven Traditionalisten zu einem die kosmischen Gesetze befolgenden Weisen
♒	Vom verrückten Revoluzzer zum humanistischen Erneuerer und Befreier
♓	Vom realitätsflüchtigen Süchtigen zum hellsichtigen, mitfühlenden Mystiker

Das Ziffernblatt der Häuser

Schauen wir uns auf der kosmischen Uhr neben dem Ziffernblatt der Tierkreiszeichen noch das Ziffernblatt der Häuser genauer an. Diese sind Projektionen des Tierkreises auf die Erde und definieren die irdischen Zeiten und Lebensbereiche. Sie stellen die irdische Spiegelung der kosmischen Tierkreiszeichen vom ♈ (Widder) bis zum Zeichen der ♓ (Fische) dar. Auf meinem Astrosophie-Seminar-Tuch (siehe S. 36) sind sie von 1 bis 10 nummeriert.

Häuser-, Tierkreis- und Planetendarstellung. Titelholzschnitt von Erhard Schön zum Nativitäts-Kalender des Leonhard Reymann 1515

Auf dieser Abbildung sind die Häuserthemen im äußeren Kreis, die Tierkreisbilder im mittleren Kreis und die personifizierten Planetendarstellungen im inneren Kreis dargestellt.

„Der Zodiakus und die Planeten liefern keine persönlichen Angaben, sondern sind unpersönliche und objektive Gegebenheiten. Auch sollten bei der Deutung der Häuser verschiedene »Bedeutungsschichten« berücksichtigt werden." (Jung 1972/73, Briefe 2, S. 402)

Als erstes Kennenlernen der archetypischen Themen der Häuser können wir diese anhand der gegenüberliegenden Häuser verstehen, die erst zusammen eine Gegensätze vereinigende Sicht ermöglichen.

„Das Archetypische erscheint unserem Bewusstsein in der Differenzierung gegensätzlicher Symbolgruppen; wir können seine Erscheinungsformen nicht anders beschreiben und verstehen. Gleichzeitig aber weist uns diese Erfahrung ununterbrochen darauf hin, dass die Art und Weise, in der das Archetypische uns sichtbar wird, nicht dem Wesen seiner Wirklichkeit entspricht, die jenseits unseres Bewusstseins nur als Grenzwert unserer Erfahrung zu fassen ist. Wir erfahren in Gegensätzen und in der Vielheit von Qualitäten, was »an sich« als Einheit der Gegensätze jenseits der Qualitäten wirklich ist. Aus diesem Grunde sind wir immer wieder gezwungen, wenn wir von einem Archetyp sprechen, uns auf einen anderen, für uns ihm entgegengesetzten mit zu beziehen, und nur indem wir den Versuch machen, die jenseits unserer Bewusstseinsdifferenzierung vorhandene Einheitlichkeit des Archetyps nicht aus dem Auge zu verlieren, mag es uns gelingen, auch unsere Einheitlichkeit, die Ganzheit unserer Psyche, in die Betrachtung mit einzuschließen." (Neumann 1954/1992, S. 15)

Während das 1. Haus, das der Qualität des Widders entspricht, dem Ich zugeordnet wird (im Bild als Geburt), ist das ihm gegenüberliegende 7. Haus, das dem Zeichen der Waage entspricht, dem Du und der Partnerschaft zugeordnet (im Bild als Eheschließung).

Das 2. Haus, das dem Zeichen des Stiers entspricht, dem der materielle Besitz zugeordnet wird (im Bild eine Münzen zählende Person), wird durch das ihm gegenüberliegende 8. Haus, das dem Zeichen des Skorpion entspricht und dem Loslassen und Vererben von Besitz zugeordnet wird, kompensiert (im Bild durch den Sichelmann = Tod, der von uns das endgültige Loslassen fordert, dargestellt).

Das 3. Haus, das dem Zeichen der Zwillinge entspricht, dem die Vermittlung, der Austausch und die Kommunikation zugeordnet werden (im Bild im Gespräch zwischen zwei Frauen), wird durch das ihm gegenüberliegende 9. Haus, das dem Zeichen des Schützen entspricht und das Reden über Gott und die Welt umfasst, ergänzt (im Bild dargestellt als kirchlicher Würdenträger).

Das 4. Haus, das dem Zeichen des Krebses entspricht, dem die Familie und der Mutter-Archetyp (Neumann 1956) zugeordnet werden (im Bild Menschen, die „Mutter Erde" pflügen), wird durch das ihm gegenüberliegende 10. Haus, das dem Zeichen des Steinbocks entspricht und das den übergeordneten Institutionen und dem Vater-Archetyp zugeordnet werden, ausgeglichen (im Bild als Regent von „Vater Staat", hier dargestellt als weltlicher Würdenträger).

Das 5. Haus, das dem Zeichen des Löwen entspricht, dem der „Schöpferische Mensch" (Neumann 1959a) und das Spiel zugeordnet werden (Bild von spielenden Kindern), wird durch das ihm gegenüberliegende 11. Haus, das dem Zeichen des Wassermanns entspricht und den „Wahlverwandten" (Goethe) und Freunden zugeordnet wird, kompensiert (im Bild: „Das Rad der Schicksalszeit" des Kairos, der dem Uranus als Regent des Wassermanns und des 11. Hauses entspricht).

Das 6. Haus, das dem Zeichen der Jungfrau entspricht, dem die Themen Arbeit und die Polarität Gesundheit/Krankheit zugeordnet werden (im Bild als Kranker im Bett), wird durch das ihm gegenüberliegende 12. Haus, das dem Zeichen der Fische entspricht und die Themen Mystik, Rückzug, Einschränkung umfasst, ergänzt (im Bild dargestellt als Gefangener).

Die vier Quadranten als Zeit-Räume und Seins-Gründe

Im innersten Kreis meines Astrosophie-Mandala-Tuchs (S. 36) finden wir die römischen Ziffern I -IV, die als die vier Quadranten eines Horoskops bezeichnet werden.

Die vier Quadranten werden gebildet durch das kardinale Kreuz der Haupt-Sonnenstände innerhalb der 24 Stunden des Tages- und Nacht-Kreises:

Die waagrechte Kreuzachse bildet die Verbindung des Sonnenaufgangspunktes, wo die Sonne von der Erde aus gesehen am Morgen aufsteigt, lat. „ascendere“, daher die Bezeichnung Aszendent (auf dem Tuch abgekürzt als AC), mit dem Sonnenuntergangspunkt, wo die Sonne am Abend hinabsteigt, lat. „descendere“, daher die Bezeichnung Deszendent (auf dem Tuch abgekürzt als DC).

Somit ergibt sich eine obere Tagseite und eine untere Nachtseite bzw. ein oberer Halbkreis des Bewusstseins und ein unterer des Unbewussten sowie eine obere Himmelseite und eine untere Erdseite (Neumann 1954) eines Horoskops.

Die senkrechte Kreuzachse bildet die Verbindung des Mittagspunktes, wo die Sonne am höchsten steht, am Mittelpunkt des Himmels, lat. „medium coeli“, daher die abgekürzte Bezeichnung MC, mit dem Mitternachtspunkt, wo die Sonne am tiefsten steht, lat. „immum coeli“ (= „Tiefe des Himmels“) mit der abgekürzten Bezeichnung IC.

Die senkrechte Kreuzachse teilt den Kreis in einen linken und rechten Halbkreis, was unter anderem einen Weg von der Vergangenheit in die Zukunft sowie vom Ich zum Du weist.

Wie in den Schöpfungsmythen der Völker wird durch die waagrechte Teilung des Ursprungseinheits-Kreises der Himmel und die Erde und somit der Raum geschaffen, durch die senkrechte Teilung ein Vorher und ein Nachher, d.h. die Zeit. (vgl. Neumann 1949/2004, Kapitel: Die Trennung der Ureltern und das Gegensatzprinzip)

Die vier Quadranten definieren sowohl vier Zeit-Räume als auch vier Seins-Gründe.

Der I. Quadrant umfasst die ersten drei Häuser und kann vereinfacht als der körperliche Quadrant angesehen werden, der II. Quadrant reicht vom 4. bis einschließlich 6. Haus und kann vereinfacht als der seelische Quadrant bezeichnet werden, der III. Quadrant enthält die Häuser 7 bis 9 und gilt vereinfacht als der geistige Quadrant und der IV. Quadrant integriert die Häuser 10 bis 12 und kann vereinfacht als der überpersönliche bzw. transzendente Quadrant beschrieben werden.

Die Bedeutung der vier Quadranten als vier Seins-Gründe können wir auch mit der Ursachenlehre des Aristoteles (384 - 322 v. Chr.) in Verbindung bringen. In seinem Werk „Physik“ (Kapitel II, 3) führt er die Unterscheidung von vier Ursachenbegriffen ein:

Die Stoffursache (causa materialis), die im Horoskop mit dem I. Quadranten in Beziehung steht, die Formursache (causa formalis), die wir dem II. Quadranten zuordnen können, die Wirkungsursache (causa efficiens), die dem III. Quadranten entspricht und die Sinn- oder Zielursache (causa finalis), die mit dem IV. Quadranten korrespondiert.

Zum besseren Verständnis können wir die vier Ursachen an einem Beispiel eines Entstehungsprozesses einer Schale oder Vase erläutern, wobei der Weg (wie bei den Häusern) über das jeweilige Gegenüber (im Sinne einer „coniunctio oppositorum“) verläuft:

Der unbearbeitete Lehmklumpen entspricht der Stoffursache (causa materialis) des I. Quadranten. Der Prozess geht weiter über die Wirkungsursache (causa efficiens) des gegenüberliegenden geistigen III. Quadranten, der die Idee und das Bild dazu liefert, aus dem Lehm eine Schale oder Vase zu formen. Die praktische Umsetzung dieser Idee im Töpfern entspricht der Formursache (causa formalis) im seelischen Erleben des II. Quadranten. Das Ergebnis der vollendeten Schale oder Vase, Bestimmung und Ziel des ganzen Weges, wird deutlich in der Sinnursache (causa finalis) des IV. Quadranten. (Vgl. Döbereiner 1978)

Wir können uns von diesem Prozess auch für die Arbeit mit Träumen inspirieren lassen:

Zur Stoffursache des I. Quadranten können wir fragen: Was ist der Stoff, aus dem ein Traum besteht?

Zur Wirkungsursache des III. Quadranten: Welche Idee könnte dahinter stehen?

Zur Formursache des II. Quadranten: Wie wird diese Idee im Traum umgesetzt?

Zur Sinnursache des IV. Quadranten: Welchen „finalen“ Sinn möchte dieser Traum vermitteln?

Die Aspekte als archetypische Beziehungsweisen

Die Aspekte sind neben den Planeten, den Tierkreiszeichen und den Häusern das vierte Strukturelement eines Horoskops und stellen die Beziehungen der Planeten zueinander dar.

Während die Planeten auch als Archetypen der Seele bezeichnet werden können, die Tierkreiszeichen die Jahreszeiten der Seele vermitteln und die Häuser die Tageszeiten der Seele repräsentieren, lassen die Aspekte die Musik der Seele erklingen.

Wieweit die Planeten miteinander in Einklang oder in einer Disharmonie sind, hängt davon ab, in welcher Winkelstellung sie zueinander im Horoskop stehen, d.h. auch wie sie sich gegenseitig anschauen (von lat. aspectus, dem Ursprung des Wortes Aspekt).

Dabei werden nicht nur Aspekte zwischen zwei oder mehreren Planeten, sondern auch mit anderen Elementen des Horoskops berücksichtigt, wie die Hauptachsen AC, MC, DC und IC oder die Häuserspitzen (= Beginn eines Hauses) oder die Sonderzeichen (Mondknoten-Achse, Glückspunkt, Chiron, Lilith, ...)

Die traditionellen Hauptaspekte sind die Konjunktion, die Opposition, das Trigon, das Quadrat und das Sextil.

Die **Konjunktion** entspricht zahlensymbolisch der Zahl 1, die eine Einheit verschiedener Faktoren darstellt. Bei einer Konjunktion (Symbol: ☌), die idealerweise einen Winkel von 0° beschreibt, stehen zwei oder mehrere Planeten oder Horoskop-Elemente so nahe beieinander, dass zwischen ihnen je nach Bedeutung der Planeten oder Elemente nicht mehr als 6-8° liegen. Die Abweichung vom Idealwinkel wird als Orbis bezeichnet, innerhalb dessen der Aspekt noch als wirksam erachtet wird.

Eine Konjunktion bündelt und verstärkt zwei oder mehr Planeten oder Elemente und kann sich je nach der „Chemie" dieser Zusammenkunft von archetypischen Kräften harmonisch oder herausfordernd auswirken. Auf jeden Fall geht es um eine Integration der beteiligten Qualitäten, meist im selben Tierkreiszeichen.

Die **Opposition** weist uns zahlensymbolisch auf die Zahl 2 hin, die für Polarität und Gegensätzlichkeit steht. Bei einer Opposition (Symbol: ☍) mit einem Ideal-Winkel von 180° zwischen den beteiligten Horoskop-Faktoren stehen sich diese gegenüber und bilden eine Gegensatzspannung, die im Sinne einer

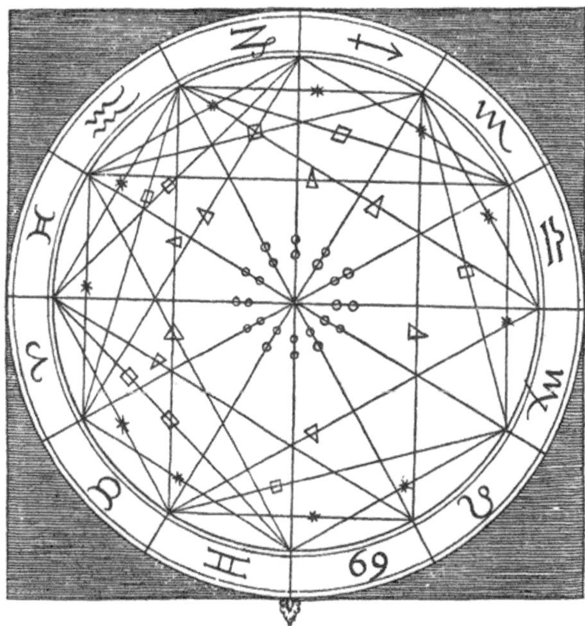

Abb.: Robert Fludd, De Planet. Dispos. et Natur.

Der Tierkreis mit den Felderspitzen und deren Aspektschema
△ Trigon ✶ Sextil □ Quadrat ○ Opposition

„coniunctio oppositorum“ zu einer kreativen Vereinigung der Gegensätze einlädt. Dass dies gelingen kann begünstigt die Tatsache, dass die im Horoskop gegenüberliegenden Tierkreiszeichen, in denen sich die jeweiligen Horoskop-Faktoren in Opposition befinden, vom gleichen Einstellungstyp sind: D.h. beide sind in extravertierten, männlichen Feuer- oder Luft-Elementen oder in introvertierten, weiblichen Wasser- oder Erd-Elementen, da jedem Feuer-Zeichen (z.B. ♈) ein Luft-Zeichen (z.B. ♎) gegenüber steht und jedem Wasser-Zeichen (z.B. ♓) ein Erd-Zeichen (z.B. ♍).

Da sich immer schon Gegensätze angezogen haben und die Psyche kompensatorisch dazu tendiert, Einseitigkeiten auszugleichen, wirkt die Opposition nicht nur für den Extravertierten im partnerschaftlichen Sinne als „attraktiv“, d.h. anziehend, sondern auch für den Introvertierten als Herausforderung, „die beiden Seelen in seiner Brust“ auszugleichen und zu verbinden. Die Gefahr für den Extravertierten liegt in der Projektion ungelöster innerer Konflikte (Oppositionen) auf einen anderen Menschen und für den Introvertierten, an seiner inneren Gegensätzlichkeit zu verzweifeln.

Astronomisch gesehen befindet sich die Erde genau zwischen den zwei Planeten, die sich in der Opposition gegenüberstehen, d.h. auch, dass sich der Ort, auf dem dieses Werk der Gegensatzvereinigung vollbracht werden will, immer auf der Erde befindet. So wie sich die Umlaufbahn der Erde zwischen denen von Venus und Mars befindet, die symbolisch für Anima und Animus, weibliche und männliche gegengeschlechtliche Seelenbilder stehen, so ist die innere wie die äußere Erde der beste Ort für den Prozess der Integration. (Vgl. das Kapitel „Der Weg der Gegensatzvereinigung" in: Walch 2018)

Mit dem **Trigon** begegnen wir zahlensymbolisch der Zahl 3, die schon in sich die Gegensätze der Zahl 2 mit einer dritten Position überwindet, z.B. These – Antithese – Synthese oder im Spruch „aller guten Dinge sind drei".

Im Trigon (Symbol: △) begegnen sich die jeweiligen Horoskop-Faktoren in einem Winkel von 120°.

Es stellt die günstigste Konstellation (lat. „con-stellatio" von lat. „stella" – Stern) aller Aspekte dar, da die damit verbundenen Faktoren in Tierkreiszeichen stehen, die demselben Element zugeordnet sind. So kennen wir entsprechend den vier Elementen auch vier Trigon-Qualitäten, die wir als gleichseitige Dreiecke in den Tierkreis einzeichnen können: Ein Feuer-Trigon (♈ - ♌ - ♐), ein Erd-Trigon (♉ - ♍ - ♑), ein Luft-Trigon (♊ - ♎ - ♒) und ein Wasser-Trigon (♋ - ♏ - ♓).

Planeten und Faktoren, die im Trigon stehen, fühlen sich besonders verbunden und befreundet, als wären sie aus demselben Holz geschnitzt, und fördern sich gegenseitig in ihrer positiven Wirkung.

Das **Quadrat** entspricht zahlensymbolisch der Zahl 4, raumsymbolisch dem Quadrat oder dem Kreuz, das uns an die beiden Kreuzachsen von Raum und Zeit bindet.

Die Vier, die wir mit den vier Elementen, den vier Himmelsrichtungen, den vier Jahreszeiten, Körpersäften und Temperamenten verbinden, wird von alters her als Zahl des Irdischen gesehen, im Gegensatz zur Drei als der himmlischen Zahl der göttlichen Trinität. Auch in der Musik gilt der 3/4-Takt als der vollkommene (früher dargestellt durch einen Kreis), während der 4/4-Takt als der unvollkommene, der irdische gilt (dargestellt durch einen Halbkreis). In der Einführung des Festes Maria Himmelfahrt sieht C. G. Jung eine Verbindung von Himmel und Erde und eine Herstellung einer Quaternität (Jung 1988), die er als einen wesentlichen Aspekt der Ganzheitssymbolik beschreibt. So wie die wichtigsten heiligen Zahlen aus Verbindungen der Drei mit der Vier entstehen, nämlich die Sieben (z.B. die klassischen Planeten und Wochentage) als drei plus vier und die Zwölf (z.B. die Tierkreiszeichen) als drei Mal vier.

Beim Quadrat-Aspekt (Symbol: □) mit einem Ideal-Winkel von 90° zwischen den beteiligten Horoskop-Faktoren kommen sich diese in die Quere und stehen in einer Kreuzspannung zueinander. Quadrate zeigen uns, wo und wie wir in unserem Leben durchkreuzt werden, welches Kreuz wir zu tragen haben und welche Kreuzwege uns auferlegt sind. Die Frage ist nun, ob wir uns unserem Kreuz (Quadrat-Aspekt) stellen und die Herausforderungen annehmen und uns auf diesen Reifungsprozess einlassen, im Sinne eines Wachsens am Widerstand, oder ob wir uns dem Kreuz entziehen und es verdrängen, was unbewusst kompensatorisch zu leidvolleren Auswirkungen führen kann (Depression, Destruktion oder psychosomatischer Erkrankung – vgl. Kapitel „Astromedizin und Astrosomatik").

Wenn wir die Hoch-Spannung des Quadrat-Aspekts zu kreativer Gestaltung nutzen, kann diese uns eine erhöhte schöpferische Spann- und Inkorporationskraft verleihen.

Die Tierkreiszeichen, in denen sich die jeweiligen Horoskop-Faktoren, die zueinander im Quadrat stehen, befinden, sind nicht vom gleichen Einstellungstyp wie bei der Opposition, sondern sind sich fremd, weil jeweils ein extravertiertes, männliches Feuer- oder Luft-Zeichen von einem introvertierten, weiblichen Wasser- oder Erd-Zeichen durchkreuzt wird. Dabei sind jeweils vier Quadrat-Aspekte innerhalb von drei verschiedenen Kreuzen, die den drei Qualitäten entsprechen, möglich:

Innerhalb des kardinalen Kreuzes bilden das Feuer-Zeichen Widder ♈, das Wasser-Zeichen Krebs ♋, das Luft-Zeichen Waage ♎ und das Erd-Zeichen Steinbock ♑ ein Quadrat bzw. vier Quadrat-Aspekte.

Das fixe Kreuz umfasst das Erd-Zeichen Stier ♉, das Feuer-Zeichen Löwe ♌, das Wasser-Zeichen Skorpion ♏ und das Luft-Zeichen Wassermann ♒.

Im beweglichen Kreuz treffen das Luft-Zeichen Zwilling ♊, das Erd-Zeichen Jungfrau ♍, das Feuer-Zeichen Schützen ♐ und das Wasser-Zeichen Fische ♓ aufeinander.

Das **Sextil** entspricht zahlensymbolisch der Zahl 6, raumsymbolisch dem Sechseck, dem Hexagramm und dem sechsstrahligen Stern. Das Hexagramm, das aus zwei aufeinander gelegten gleichseitigen Dreiecken gebildet wird, stellt ein Symbol harmonischer Gegensatzvereinigung dar.

Im Sextil (Symbol: ⚹) stehen die jeweiligen Horoskop-Faktoren in einem Winkel von 60° zueinander.

Die ausgleichend-fördernde Wirkung besteht darin, dass diese in verwandten Tierkreiszeichen stehen: Entweder im Sextil bzw. Hexagramm der extravertierten, männlichen Feuer- oder Luft-Zeichen (♈ - ♊ - ♌ - ♎ - ♐ - ♒) oder im Sechsstern der introvertierten, weiblichen Wasser- oder Erd-Zeichen (♉ - ♋ - ♍ - ♏ - ♑ - ♓).

In jeder Begegnung, insbesondere im Verhältnis von Planeten zueinander, kommen Schwingungen zum Ausdruck.

Schon Johannes Kepler hat die Aspekte als Musik der Seele in der Entsprechung der Proportionen zwischen Zahlen und Musik in seinem Werk „Harmonices Mundi" („Weltharmonik" – Kepler 2006) beschrieben. Dabei ordnet er der Oktave mit dem Verhältnis von 1:2 die Aspekte der Konjunktionen und der Oppositionen zu, der Quinte mit dem Verhältnis von 2:3 die Aspekte der Sextile und der Trigone und der Quart mit dem Verhältnis von 3:4 die Quadrat-Aspekte.

„Diese weltbildenden Verhältnisse findet man in den Metren des Dichters, in den Tanzrhythmen und im Takt der Musik und vor allem bei den Himmelserscheinungen, und zwar bei diesen in doppelter Weise, bei den Aspekten und bei den Bewegungsgeschwindigkeiten der Planeten." (Kepler 2006, S. 21)

Vergleich der Geburtshoroskope von C. G. Jung und Erich Neumann

Geburtshoroskop von C. G. Jung vom 26. 7. 1875
um 19:32 Uhr in Kesswil/CH am Bodensee

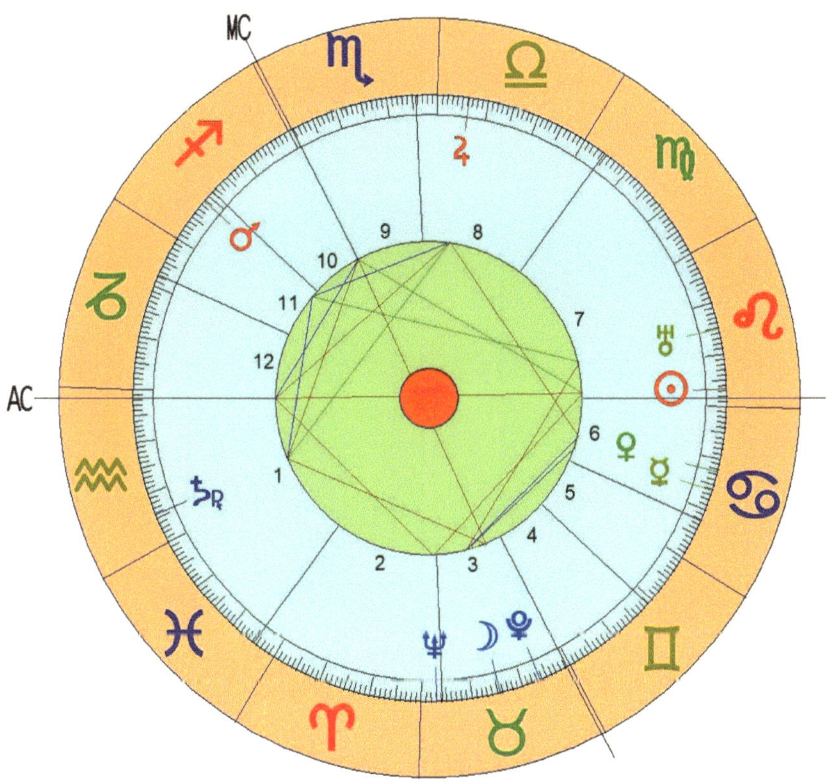

Geburtshoroskop von Erich Neumann vom 23. 1. 1905
um 16:15 Uhr in Berlin

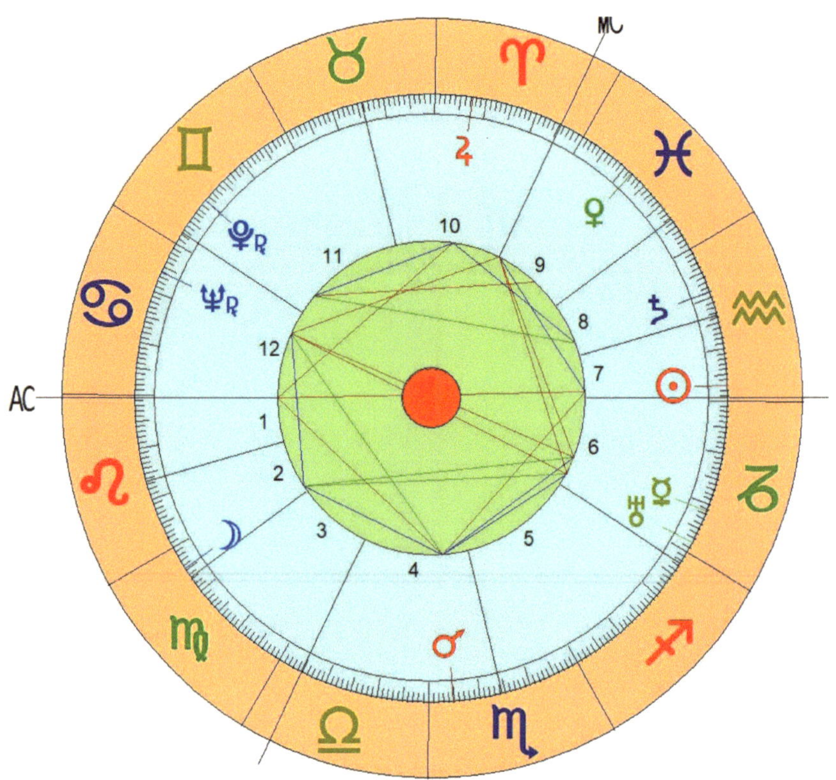

Das Besondere und Erste, was uns beim Vergleich der Geburtshoroskope von C. G. Jung und Erich Neumann auffällt, ist die nahezu gradgenaue Begegnungs-, Ergänzungs- und Oppositions-Position ihrer Aszendenten und ihrer Sonnen-Stände, die gleichzeitig die gegenseitigen Ich-Selbst-Achsen (Aszendent-Sonne-Beziehungen) auslösen. Dabei ist von den Tierkreiszeichen die Löwe-Wassermann-Oppositions-Achse und von den Häusern 1 und 7 die Ich-Du-Beziehungs-Ergänzungs- und Begegnungs-Achse angesprochen.

Während sich Jungs Aszendent auf 1 ½ ° Wassermann befindet, ist Neumanns Aszendent gegenüber auf ½ ° im Löwen. Umgekehrt ist die Position der Sonne in Jungs Horoskop auf 3° Löwe, während Neumanns Sonne gradgenau gegenüber auf 3° Wassermann liegt. Bei beiden ist die Sonne im 7. Haus der Ich-Du-Begegnung.

Das Tierkreiszeichen des Löwen mit der Sonne als Regentin steht für das Bewusstsein, die Zentrierung und das Selbst, bei Neumann wiederzufinden in seinem Begriff der „Zentroversion“ und seinen drei Bänden „Umkreisung der Mitte“.

Das Tierkreiszeichen des Wassermanns mit dem Uranus als Regent entspricht den Themen Erneuerung, Entwicklung, Ich-Überschreitung, Befreiung und Individuation und findet sich bei Neumann in Begriffen wie „Neue Ethik“, „Transgressivität“ und „extranes Wissen“.

Diese geistigen Bedeutungen der Löwe-Wassermann-Achse umfassen die wesentlichen Lebensthemen von beiden.

Wie sehr beide aufeinander bezogen waren, wird durch konkrete Aussagen von beiden bestätigt:

C. G. Jung schreibt im seinem Vorwort zu Erich Neumanns Hauptwerk „Ursprungsgeschichte des Bewusstseins“, dass ihm „sein Werk, wie selten eines, in hohem Maße willkommen ist; setzt es doch gerade an der Stelle ein, wo ich, wenn mir ein zweites Leben beschert wäre, auch angefangen hätte … Damit gelangt er zu Schlüssen und Einsichten, welche zum Bedeutendsten gehören, was je auf diesem Gebiete geleistet wurde.“ (In: Neumann 1949)

Umgekehrt schreibt Erich Neumann an C. G. Jung in seinem Brief vom 18. Februar 1959 zu seinem Spätwerk „Erinnerungen, Träume, Gedanken von C. G. Jung“: „Ich kenne nichts von allem Geschriebenen, das mir und der Art meiner Erfahrung und meines Lebens näher ist … und wenn ich im Älterwerden meine Entwicklung übersehe und ihren Stationen nachgehe, habe ich ein sehr ähnliches Lebensgefühl wie das, welches aus Ihrem Buch spricht.“ (In: Liebscher 2015, 356/357)

Die Position des Saturn ist bei beiden, bei Jung (auf 24°) und bei Neumann (auf 21°) in Konjunktion im Zeichen des Wassermanns, was nicht nur „ein sehr ähnliches Lebensgefühl“ verdeutlicht, sondern auch, dass Jung 29 ½ Jahre und damit einen Saturn-Zyklus älter war als Neumann und dass mit Neumann eine neue Generation und Erneuerung der Tiefenpsychologie nach C. G. Jung („ein zweites Leben“ von C. G. Jung) begonnen hat.

Eine ausführliche Beschreibung des Horoskops von Erich Neumann mit Bezügen zu C. G. Jung finden wir im Vortrag von Dr. Rüdiger Müller: „Der »Große Einzelne« - Erich Neumann im Spiegel seines Horoskops“, gehalten am 5. 11. 1995, genau am 35. Todestag von Erich Neumann auf dem von mir veranstalteten „I. Internationalen Erich Neumann Symposium“ von 3. bis 5. 11. 1995 in Bregenz. (Müller 1995)

Planeten-Rhythmen
und archetypische Lebensübergänge

Neben den Aspekten können die Bewegungsgeschwindigkeiten der Planeten nach Kepler als „weltbildende Verhältnisse“ interpretiert werden.

Die Bewegungsgeschwindigkeiten und Rhythmen der langsamen Planeten Jupiter, Saturn, Uranus, Neptun und Pluto lassen sich in Beziehung bringen zu den Lebensübergängen des Menschen. (Vgl. Banzhaf 2003)

Diese erscheinen auf ihrem Weg durch den Tierkreis in immer neuen Konstellationen und bilden in rhythmischen zeitlichen Abfolgen (wie in einem kosmischen Tanz) spannende und harmonische Aspekte zu ihrer anfänglichen Position im Geburtshoroskop. Damit zeigen sie auf der kosmischen Uhr wesentliche archetypische Lebensübergänge an, die in den Zeitqualitäten der jeweiligen Planeten und Aspekte in Erscheinung treten.

Die Planeten haben eine astronomisch berechenbare Umlaufbahn und Umlaufzeit, die im Horoskop von der Erde aus gesehen mit Hilfe der Ephemeriden (Tabellen der täglichen Positionen der Planeten) bzw. entsprechender Computer-Programme berechnet werden.

Die Zyklen können bei den genannten fünf langsamen Planeten mit einer archetypisch-symbolischen Lebenszeit von ca. 84 Jahre in Beziehung gebracht werden, wobei wir die 29 Jahre des Saturn als vier Jahrsiebte zusammenfassen und damit dessen Umlaufzeit auf 28 Jahre abrunden.

Planet	**4 x**	**Umlaufzeit**	**Faktor**	**Lebenszeit**
Jupiter	3 Jahre =	12 Jahre	x 7 =	84 Jahre
Saturn	7 Jahre =	28 Jahre	x 3 =	84 Jahre
Uranus	21 Jahre =	84 Jahre	x 1 =	84 Jahre
Neptun	41 Jahre =	164 Jahre	: 2 =	82 Jahre
Pluto	64 Jahre =	248 Jahre	: 3 =	83 Jahre

In einer Lebensspanne durchläuft Jupiter sieben Wachstums- und Entwicklungs-Zyklen durch den Tierkreis, während Saturn das Leben in drei Zyklen, in drei große Lebensabschnitte, in die Zeit der Ausbildung, die Zeit der Erwerbstätigkeit und in die Zeit des Ruhestands einteilt bzw. in drei Reifungsphasen, von der körperlich-materiellen über die seelisch-individuelle zur geistig-spirituellen.

Von den transsaturnischen Planeten durchwandert Uranus im Leben einmal den Tierkreis und Neptun die Hälfte des Tierkreises. Obwohl Pluto in dieser Zeit im Durchschnitt nur ein Drittel der Tierkreisbahn zurücklegt, sind seine Abweichungen als äußerster der „kollektiven Planeten" so groß, dass er nicht mehr verlässliche Aussagen in Bezug auf die individuellen Lebensphasen zulässt.

So ergeben sich folgende archetypische Lebensübergänge zu den jeweiligen Konstellationen der langsamen Planeten von Jupiter bis Neptun:

6. und 7. Lebensjahr

Jupiter Opposition Jupiter (♃☍♃), Saturn Quadrat Saturn (♄□♄)

Jupiter steht nach sechs Jahren in Opposition, d.h. in einem Winkel von 180° zu seinem Ausgangspunkt bei der Geburt und hat den halben Tierkreis durchlaufen, während Saturn nach sieben Jahren im Quadrat, d.h. in einem Winkel von 90°, zu seinem Ausgangspunkt steht und ein Viertel des Tierkreises durchwandert hat. Wir sprechen auch vom „verflixten siebten Jahr", da Saturn alle sieben Jahre im Quadrat zu seiner Position vor sieben Jahren steht.

Oppositionen und Quadrate sind Spannungsaspekte, die uns herausfordern, um zu einem neuen Lebenshorizont aufzubrechen.

Im 6. und 7. Lebensjahr ist die Zeit der Einschulung.

Jupiter, mit der Qualität der Horizonterweiterung auf allen Ebenen, eröffnet dem Kind neue Entwicklungsmöglichkeiten. Es macht sich mit jupiterhafter Begeisterung auf, die neue Welt der Schule zu erobern, weg aus der behüteten Mutterwelt hin zu einer eher väterlichen Welt. Diese wird schon im 7. Lebensjahr durch „Väterchen Saturn" deutlich, der das Kind als Begrenzer und „Hüter der Schwelle" auch mit dem „Ernst des Lebens" konfrontiert. Gleichzeitig mit dem Hinaustreten in die Welt müssen auch schon Regeln, Stundenpläne, Ge- und Verbote eingehalten werden.

12. bis 14. Lebensjahr

Jupiter Konjunktion Jupiter (♃☌♃), Saturn Opposition Saturn (♄☍♄)

Mit 12 Jahren ist der erste Jupiter-Zyklus abgeschlossen und Jupiter steht wieder am Ausgangspunkt, d.h. dort, wo er bei der Geburt war. Mit dieser Konjunktion geht die Phase der Kindheit zu Ende und die Adoleszenz bzw. Pubertät beginnt. Die Wachstumskraft des Jupiters zeigt sich hier im physischen Längenwachstum gemäß dem Wort Adoleszenz von lat. „adolescere" = heranwachsen. Gleichzeitig drängt Jupiter den Pubertierenden nun, über die Stränge zu schlagen und Neuland zu erkunden.

Mit 14 Jahren tritt dann aber Saturn in Opposition und warnt und zügelt den pubertären Überschwang, denn ab 14 können Jugendliche strafrechtlich zur Verantwortung gezogen werden und sind schadenersatzpflichtig.

Saturn ist auch der Herr der Zeit, Väterchen Chronos, was früher durch den Brauch, zur Konfirmation bzw. Firmung eine Armbanduhr zu schenken, zum Ausdruck kam. Die Jugendlichen sollen nun endgültig in „den Lauf der Zeit" (Schul- und Arbeitszeiten) eingeordnet werden und ins Erwachsenenleben unserer immer noch patriarchal geprägten Kultur eintreten, mit Schwerpunkt auf den Saturn-Themen Verantwortung und Leistung.

18. Lebensjahr

Jupiter Opposition Jupiter (♃☍♃)

Jupiter steht nun zum zweiten Mal in Opposition zu seinem Ausgangspunkt bei der Geburt und fordert uns zu weiteren Wachstumsschritten heraus, die meist mit der Zeit des Lehr- oder Schulabschlusses und der vorverlegten Volljährigkeit einhergehen und uns neue Freiheiten und Horizonterweiterungen ermöglichen, wie Studienaufenthalte im Ausland, das Verlassen des Elternhauses, das Entdecken neuer Welten und anderer Lebensformen. Wie Jupiter als Regent des Tierkreiszeichens Schütze auch über das Ziel hinaus schießen kann, so kann es in dieser Zeit auch zu Übertreibungen kommen, die mit einem Kräfteüberschuss einhergehen.

21. Lebensjahr

Saturn Quadrat Saturn (♄□♄), Uranus Quadrat Uranus (♅□♅)

Mit der traditionellen Volljährigkeit zur Vollendung des dritten Jahrsiebts macht uns Saturn die einengende Struktur des Elternhauses deutlich, was uns zusammen mit dem aufbrechenden Freiheitsdrang des Uranus zur notwendigen Ablöse veranlasst. Endlich wollen wir tun und lassen, was wir wollen und wissen in dieser Zeit sowieso alles besser als die Eltern. Gleichzeitig sind wir durch Saturn mit den Spielregeln der Gesellschaft konfrontiert sowie mit der Eigenverantwortung und der Notwendigkeit, unser eigenes Geld zu verdienen.

24. Lebensjahr

Jupiter Konjunktion Jupiter (♃☌♃)

Jupiter hat nun den zweiten Zyklus durch den Tierkreis vollendet und steht wieder am Ausgangspunkt seiner Wanderung bei der Geburt.

Sein Entwicklungspotenzial kann sich nun in ersten Studienabschlüssen oder beruflichen Erfolgen zeigen sowie in Expansionsschritten in Richtung Erweiterung des inneren und äußeren Horizonts (Lebensziele und Reisen) sowie des Wohnraums (von der WG zur eigenen Wohnung), meist in Zusammenhang mit partnerschaftlichem Zusammenleben und ersten Schritten zur Familiengründung.

28. bis 30. Lebensjahr

Saturn Konjunktion Saturn (♄☌♄), Neptun Sextil Neptun (♆⚹♆), Jupiter Opposition Jupiter (♃☍♃)

In dieser Zeit wirken sich gleich drei archetypische Rhythmen auf diesen Lebensübergang aus: Saturn kommt zum ersten Mal an seinen Ausgangspunkt bei der Geburt zurück und hat seinen ersten 360°-Zyklus durch den Tierkreis hinter sich, während Neptun erst ein Sechstel dieser Strecke (60° = Sextil) zurückgelegt hat und Jupiter schon dreieinhalb Mal durch den Tierkreis gewandert ist.

Saturn markiert hier den Eintritt ins zweite Lebensdrittel und damit einen anstehenden Reifungsschritt von der körperlich-materiellen Entwicklung hin zu einer seelisch-individuellen Reifung. Dabei sind wir aufgefordert, die Unbeschwertheit der Jugend zurückzulassen und noch mehr Verantwortung zu übernehmen. Gleichzeitig wird eine erste Bilanz gezogen, wo wir im Leben und im Beruf stehen und manches in Frage gestellt.

Neptun, der nun im Sextil zu seiner Geburtsposition steht, kann uns Träume, Phantasien und Visionen vermitteln und möchte uns neue Perspektiven eröffnen. Seine Schattenseiten sind die Täuschung und die Illusion, die Fluchttendenzen aus den saturnischen Verpflichtungen auslösen können. Hier wird es sich entscheiden, ob wir in Süchte abtauchen werden oder ob wir auf die Fragen, die das Leben uns jetzt stellt, kreative und stimmige Antworten geben können, die unserer Individualität entsprechen.

Die Jupiter-Opposition zum Abschluss dieses Übergangs mit 30 Jahren holt uns heraus aus dem Täuschen (Neptun) und Grübeln (Saturn) und lässt uns neu durchstarten in eine altersgemäße Phase unserer weiteren Entwicklung.

Nach dem „großen Glauben“ (Neptun) und dem „großen Zweifel“ (Saturn) kommen wir zum „großen Mut“ (Jupiter), so wie es uns die Weisheit des Weges in der altchinesischen Zen-Geschichte „Der Ochs und sein Hirte“ vermittelt. (Ohtsu 1985 und Walch 2018)

35. und 36. Lebensjahr

Saturn Quadrat Saturn (♄□♄), Jupiter Konjunktion Jupiter (♃☌♃)

Saturn bringt uns Mitte Dreißig in eine Krise mit der unangenehmen Frage, ob dies denn jetzt schon alles gewesen sei. Je nachdem, wie wir darauf antworten, kann diese Antwort entweder eine vorzeitige Midlife-Crisis auslösen oder zu einer realistischen Einschätzung angemessener Möglichkeiten führen.

Jupiter, der zum dritten Mal in seine Ausgangsposition gelangt, kann uns Kraft zum mutigen Weitergehen geben oder aber zu waghalsigen Abenteuern, bei denen wir wettmachen wollen, was wir vorher alles versäumt haben. Entweder führt er uns zu einem vertieften Sinngefühl oder aber zu einer unangenehmen Mischung von Zynismus und Arroganz.

42. bis 44. Lebensjahr

Jupiter Opposition Jupiter (♃☍♃), Saturn Opposition Saturn ♄(☍♄), Uranus Opposition Uranus (⛢☍⛢), Neptun Quadrat Neptun (♆□♆)

Gleich vier Spannungsaspekte fordern uns in der Lebensmitte heraus. Dies ist seit der Geburt das größte Zusammentreffen wichtiger Aspekte in den Zyklen der langsamen Planeten und zeigt die Bedeutung dieser Lebenswende an. Uranus ist inzwischen um 180° (= Opposition) durch den halben Tierkreis gewandert, während Neptun ein Viertel dieses Weges zurückgelegt hat (90° = Quadrat).

In diese Krise geraten wir völlig unvorbereitet (Qualität des Uranus) und glauben, dass sie bald wieder vorüber sei. In Wirklichkeit müssen wir unseren Blickwinkel nun drastisch ändern. Ging es auf unserem bisherigen Lebensweg bergauf, so stehen wir nun auf dem Gipfel (Jupiter) mit dem Abstieg vor

Augen und sehen, wo der Weg enden wird. Wir werden damit auch mit unserer Vergänglichkeit (Saturn) konfrontiert.

Alles ändert sich überraschend (Uranus), auch unser Zeitempfinden (Saturn), so dass die gefühlte Zeit scheinbar immer schneller vergeht.

Was nun? Alles hinschmeißen und resignieren (Saturn), ausbrechen (Uranus), auf gut Glück (Jupiter) einen Neuanfang (Uranus) wagen oder einer Vision (Neptun) folgen?

Mit dem Eintritt in die „Wechsel"-Jahre (Uranus) ist auch ein Übergang von der biologischen Fruchtbarkeit in eine geistige angesagt, von den leiblichen Kindern hin zu geistigen, d.h. zur Verwirklichung geistiger Werte, Ideen und Projekte.

Waren wir bisher auf den äußeren materiellen Aufbau und Erfolg ausgerichtet, sind wir nun aufgefordert eine 180°-Wende nach innen zu tun und uns unserem inneren Wachstum zuzuwenden.

Die zweite Halbzeit des Lebens hat begonnen und dabei gilt wie beim Fußballspiel: Wer in der zweiten Halbzeit den Ball immer noch in dieselbe Richtung spielt, wie in der ersten, der schießt nur mehr Eigentore.

C. G. Jung spricht auf der Höhe der Ich-Entwicklung nun vom notwendigen Prozess der Individuation, von lat. „in-dividere" = das Un-teilbare. Gemeint ist das einmalige Selbst, das es jetzt zu verwirklichen gilt: „Was die Jugend außen fand und finden sollte, soll der Mensch des Nachmittags innen finden." (Jung 1993)

Doch da innen nicht nur schöne Erfahrungen auf uns warten, sondern auch der Schatten, d.h. all das, was in der ersten Lebenshälfte zu kurz gekommen und verdrängt worden ist, geht es jetzt darum, sich bewusst zu werden, was noch darauf wartet, in unser Leben an- und aufgenommen zu werden. Nach der Phase der Expansion und Extraversion heißen ab nun die neuen Ziele Reduktion, Introversion und Integration in Richtung der Ganzwerdung des Selbst.

„In der psychologischen Entwicklung ist im Schatten das Selbst verborgen, er ist der »Torhüter«, der Hüter der Schwelle." (= Saturn) (Neumann 1949/2004, S. 360)

„Durch die Verbindung der erkennenden, gestaltenden und sich in der Welt verwirklichenden Ich-Bewusstseins-Seite mit der schöpferischen und fruchtbaren Seite des Unbewussten wird der Mensch zum Kulturbringer. Dadurch erfolgt seine wahre Geburt." (Walch 2010/2019, S. 64)

48. bis 50. Lebensjahr

Jupiter Konjunktion Jupiter (♃☌♃), Saturn Quadrat Saturn (♄□♄)

Jupiter hat nun zum vierten Mal den Tierkreis durchlaufen und Saturn steht nach sieben Mal sieben Jahren wieder im Quadrat zu seiner Ausgangsposition.

Sind wir nicht in der Krise der Lebensmitte hängengeblieben, folgt zu Beginn des fünften Wachstumszyklus des Jupiters eine Zeit der Ernte. Wir können Ruhm, tiefes Sinngefühl und große Dankbarkeit empfinden, was wiederum größere Bequemlichkeit bewirken kann.

Mit dem Erreichen der sieben Mal sieben Jahre mit 49 meldet sich Saturn, der der Zahl Sieben und der Zeitlichkeit (Chronos) zugeordnet wird. Auf dieser Schwelle zur 50 und damit ins achte Jahrsiebt sind wir herausgefordert, über die Zeitlichkeit der Sieben hinaus eine Ahnung und „Acht-samkeit" für die Dimension der Ewigkeit der Acht zu bekommen, die im Symbol der Lemniskate, als liegende Acht, oder als achter Tag der Auferstehung zum Ausdruck kommt.

Zwei Augen hat die Seel': Eins schauet in die Zeit,
das andre richtet sich hin in die Ewigkeit.

(Silesius 1979/1984, 3. Buch, Vers 228)

54. bis 58. Lebensjahr

Jupiter Opposition Jupiter (♃☍♃), Saturn Konjunktion Saturn (♄☌♄), Neptun Trigon Neptun (♆△♆)

Mit dem letzten Lebensdrittel beginnt mit Vollendung des zweiten Zyklus von Saturn durch den Tierkreis (2 x 28 = 56) die spirituelle Phase. Saturn als Planet der Begrenzung macht uns nicht nur die körperlichen und gesundheitlichen Grenzen bewusst, sondern fordert uns nun auf, Macht und Erfolg langsam abzutreten an die jüngere Generation. Es geht um die Erkenntnis, dass sich nicht mehr alles um unser Ich dreht, sondern dass es ab jetzt, entsprechend einer inneren kopernikanischen Wende, um die Einsicht geht, dass das Leben immer schon um das größere Selbst gekreist ist.

Es geht nicht mehr nur um die Frage: „Was will ich noch vom Leben", sondern: „Was will das Leben jetzt von mir". Anstatt in Enttäuschung, Verbitterung und Vereinsamung zu verfallen kann uns nun Jupiter unseren Horizont erweitern und uns vertiefte Sinnfragen stellen. Durch persönliche Antworten auf die existentiellen Fragen des Lebens können wir die entstehende Leere mit neuen, stimmigen Aufgaben erfüllen.

Neptun, der inzwischen ein Drittel des Tierkreises durchwandert hat und damit einen harmonischen Trigon-Aspekt von 120° zu seiner Ausgangsposition bildet, verleiht uns Visionen, wie wir diesen neu gewonnenen Freiraum nutzen können, um uns von der materiellen Welt langsam zu lösen und uns den transzendenten und spirituellen Themen zuzuwenden.

60. Lebensjahr

Jupiter Konjunktion Jupiter (♃☌♃)

Mit 60 Jahren ist der fünfte Jupiter-Zyklus abgeschlossen. Es ist eine Zeit, in der wir, bei bisher zufriedenstellendem Verlauf, Lob erhalten sowie „Ehre, wem Ehre gebührt" und uns auch einmal ein bisschen auf unseren Lorbeeren ausruhen dürfen. Mit jovialer Großzügigkeit (Jovis = Jupiter) sind wir auch bereit, Nachfolger zu unterstützen und unser langjähriges Erfahrungswissen an diese weiterzugeben, bevor wir uns in den Ruhestand begeben. Zugleich wächst ein neues Interesse daran, den eigenen inneren und äußeren Horizont mit über den Beruf hinausgehenden Lebensthemen und mit Reisen zu erweitern.

In der chinesischen Astrologie, die auch zwölf Tierkreiszeichen kennt, hat der 60. Geburtstag eine besondere Bedeutung: Zu diesem Zeitpunkt wiederholt sich die Geburtskonstellation; wir kommen nicht nur in das gleiche Tierkreiszeichen wie zum Zeitpunkt der Geburt, sondern zusätzlich in das gleiche Element.

Die von den Chinesen bekannten fünf Elemente oder Wandlungsphasen (Holz, Feuer, Metall, Wasser und Erde) werden mit den zwölf Tierkreiszeichen (mit der Zuordnung von je einem Zeichen pro Jahr) kombiniert und ergeben zusammen die 60 Jahre (5 x 12).

63. bis 66. Lebensjahr

Saturn Quadrat Saturn (♄□♄), Uranus Quadrat Uranus (♅□♅), Jupiter Opposition Jupiter (♃☍♃)

Kaum haben wir uns ein bisschen ausgeruht und die Lobesreden genossen, werden wir mit den nächsten Spannungsaspekten konfrontiert. Die Quadrate von Uranus und Saturn zeigen einen bedeutsamen Umbruch an. Die nun endgültig anstehende Pension vermittelt uns beide Themen: Während Saturn unsere Berufslaufbahn beendet und uns bewusst macht, dass wir älter werden und Gefahr laufen, ohne festen Plan in Leere, Langeweile und Sinnlosigkeit zu verfallen, kann uns Uranus durch die Pensionierung eine neue Freiheit signalisieren.

Es hängt sehr davon ab, ob wir den gewonnenen Freiraum mit neuen, unabhängigen Entwicklungsmöglichkeiten erfüllen können. Jetzt besteht die Gelegenheit, ohne Leistungsdruck und ohne berufliche Anpassung unseren eigenen Interessen nachzugehen. Dann können wir mit diesem Jupiter-Aspekt in das Lied einstimmen: „Mit 66 Jahren, da fängt das Leben an“. Dieses Leben, das mit 66 Jahren anfängt, möchte das kleinkarierte, engstirnige Leben des Altersstarrsinns (negativer Saturn) überwinden, und eine großzügige Öffnung (Jupiter) in die kosmischen Weiten überpersönlicher Themen (Uranus) ermöglichen.

„Sei weit und offen wie der Himmel und du bist auf dem Weg.“ (ZEN-Weisheit)

70. bis 72. Lebensjahr

Saturn Opposition Saturn (♄☍♄), Jupiter Konjunktion Jupiter (♃☌♃)

Während wir mit dieser Saturnopposition das zehnte Jahrsiebt abschließen, hat gleich darauf Jupiter zum sechsten Mal den Tierkreis umrundet.

Mit Beginn der siebten Jupiterphase und der Saturnopposition haben wir die große Chance, echte, gütige Altersweisheit zu erlangen, wenn wir nicht an alten, nicht mehr stimmigen Wertvorstellungen und Grundsätzen festhalten. Wir sind eingeladen, durchlässig zu werden im Sinne einer „Transparenz für die Transzendenz“ und auf die innere Stimme des Selbst zu hören und deren Weg-Weisung und Weisheit.

77. und 78. Lebensjahr

Jupiter Opposition Jupiter (♃☍♃), Saturn Quadrat Saturn (♄□♄)

Mit dem Zusammentreffen der Jupiteropposition mit dem Saturnquadrat zum Abschluss des elften Jahrsiebts kommen diese beiden gegenpoligen archetypischen Planetenkräfte wiederum miteinander ins Spiel und fordern uns zu einer Gegensatzvereinigung („Coniunctio oppositorum") heraus.

Dabei gilt es, die Gegensätze von Jupiter und Saturn, von Fülle und Nichts, von Weite und Enge, von Gut und Böse, von Glück und Unglück, von Himmel und Hölle, von Leben und Tod zu überwinden in der Einsicht, dass alle Gegensätze in der umfassenden Ganzheit des Selbst aufgehoben sind. Der Sufi-Mystiker Hazrat Inayat Khan sagt dazu:

> Ich habe Gut und Böse gekannt,
> Sünde und Tugend, Recht und Unrecht;
> ich habe gerichtet und bin gerichtet worden;
> ich bin durch Geburt und Tod gegangen,
> Freude und Leid, Himmel und Hölle;
> und am Ende erkannte ich,
> dass ich in allem bin
> und alles in mir ist.
>
> (Khan 1979, S. 123)

82. bis 84. Lebensjahr

Neptun Opposition Neptun (♆☍♆), Jupiter Konjunktion Jupiter (♃☌♃), Saturn Konjunktion Saturn (♄☌♄), Uranus Konjunktion Uranus (⛢☌⛢)

Neptun hat nun die Hälfte des Tierkreises durchlaufen und steht unserem Geburts-Neptun direkt gegenüber. Er möchte, dass wir unsere Sinne öffnen für ein symbolisches Leben, vom Sinnlichen bis zum Übersinnlichen, bis hin zur transzendentalen Wirklichkeit.

Jupiter, Saturn und Uranus vollenden ihre Zyklen gemeinsam und kehren in die Ausgangsposition bei der Geburt zurück. Sie signalisieren uns damit, dass der Lebenskreislauf abgerundet ist. Sie erinnern uns daran, unsere letzten Dinge zu ordnen (Saturn), bevor der Tod, diese letzte Frucht und das Ziel des Lebens (Jupiter), anklopft, um uns zu unserem wahren Wesen in der Einheitswirklichkeit (Neptun) zu befreien (Uranus).

> Mensch, werde wesentlich! Denn wenn die Welt vergeht,
> so fällt der Zufall weg: Das Wesen, das besteht.
>
> (Silesius 1979, S. 56)

Nun kann sich das Tor zum innersten Geheimnis öffnen, das wir in der Tiefe unseres Wesens sind. Damit können wir uns auf unseren inneren Himmel einlassen (Uranus) und zu innerer Ruhe und Gelassenheit gelangen (Neptun), auch im Angesicht des Todes. (Vgl. Walch 2007 und 2018)

Die Zyklen beginnen wieder von vorne, ab jetzt aber auf einer neuen Stufe, einer neuen energetischen Ebene, die immer wieder von neuem die Quintessenz des Lebens hervorbringen möchte.

In diesem letzten „Opus magnum" geht es um eine innere Wende, um eine Verschiebung des Zentrums vom Ich zum Selbst, indem sich die Persönlichkeit nicht mehr mit dem Ich und dessen Vergänglichkeit identifiziert, sondern sich mit dem unvergänglichen Selbst verbindet.

„Damit sind wir am Ziel der Zentroversion (= Wandlung aus dem Selbst) angelangt, die sich im Erreichen der Festigkeit und Unzerstörbarkeit, mythologisch in der Todesüberwindung, vollendet, die durch die Verbindung des sterblichen, irdischen, geschichtlichen Ich mit der unsterblichen, überraumzeitlichen Ganzheit des Selbst erlangt wird." (Walch 2010/2019, S. 69)

Eine tiefenpsychologische Zuordnung der Wandlung aus dem Selbst mit den einzelnen Lebensphasen finden wir im Kapitel „Die Zentroversion in den Lebensaltern" in der „Ursprungsgeschichte des Bewusstseins" von Erich Neumann. (Neumann 1949/2004, S. 403)

Archetypische Planeten-Aufstellungen

In meinen Astrosophie-Seminaren besteht im Rahmen von Planeten-Aufstellungen eine der unmittelbarsten Möglichkeiten, mit den archetypischen Planeten-Qualitäten und deren Beziehungen zueinander in Kontakt zu kommen.

Es können Planeten-Aspekte aus einem Geburtshoroskop oder Aspekte, die aktuelle Planeten-Positionen (Transite) mit Planeten-Stellungen in einem Geburtshoroskop bilden, durch Personen aus der Gruppe aufgestellt werden.

Für die praktische Umsetzung ist es sinnvoll, eine möglichst große, für die ganze Gruppe gut sichtbare Tierkreisdarstellung (Tierkreis-Mandala) in die Mitte zu legen und darauf die Planetensymbole (sowie farbige Bänder als Aspekte zwischen den Planeten) aufzulegen, die in der jeweiligen Aufstellung dargestellt werden sollen. Ich selber verwende dazu mein Tierkreistuch (S. 36) oder meinen selber getöpferten Tierkreis mit 360 Lochungen, in die ich gradgenau auf Holzspießen aufgeklebte Planetensymbole aufstecken kann. Zwischen den Planeten können rote Bänder für Spannungsaspekte und blaue Bänder für harmonische Aspekte gelegt werden.

Wenn ein Planet durch mehrere andere Planeten aspektiert wird, kann die Aufstellung auch durch mehrere Personen gleichzeitig durchgeführt werden.

Sobald geklärt ist, welcher Geburts- oder Transit-Aspekt einer Person aufgestellt werden soll, kann diese Person wie bei Aufstellungen der Systemischen Familientherapie stellvertretende Personen für seine/ihre „Planeten-Familie" bzw. für seine/ihre Geburts- oder Transit-Planeten nominieren.

Die Planeten-Darsteller*innen werden an die Position des Tierkreises gestellt, wo der jeweilige Planet im Geburtshoroskop oder in der aktuellen Transit-Position steht, d.h. sie stehen im (Tier-)Kreis im Winkel des jeweiligen Aspekts zueinander:

Bei einer Konjunktion direkt nebeneinander, bei einer Opposition genau gegenüber (mit einem roten Band zwischen den Planeten-Symbolen), bei einem Trigon im Winkel von 120° zueinander (mit einem blauen Band), bei einem Quadrat im Winkel von 90° zueinander (mit einem roten Band) und beim Sextil im Winkel von 60° zueinander (mit einem blauen Band).

Diese aufgestellten Planeten-Darsteller*innen bekommen dann von mir eine kurze Erklärung der archetypischen Qualität des darzustellenden Planeten sowie dazu passende Gebärden und Laute (Details siehe unten), die als Anregungen dienen und die sie im Laufe des Planeten-Aufstellungs-Spiels nach persönlichem Erleben auch weiter ausbauen oder variieren können.

Wie bei Aufstellungen der Systemischen Familientherapie ist die Person, deren Horoskop aufgestellt wird, in der beobachtenden Position und lässt sich vom archetypischen Planeten-Aufstellungs-„Astro-Psychodrama“ möglichst unmittelbar berühren und ergreifen.

Sie selber bestimmt durch ein akustisches Signal (durch Zimbeln, Klangschale oder Klatschen) den Beginn und das Ende des rituellen Ablaufs des Planeten-Aufstellungs-Spiels, wobei sich ein Zeitrahmen je nach Intensität des Geschehens zwischen einer und drei Minuten anbietet.

Die dabei erlebten Erfahrungen geben allen Anwesenden einen tiefen, unmittelbaren Eindruck in die psychische Chemie (= Alchemie) der Begegnung von zwei oder mehreren archetypischen Planeten-Qualitäten. Wesentliche Einsichten sowie ein Verständnis für entsprechende biografische oder aktuelle Lebens-Situationen und -Herausforderungen werden möglich.

Am Ende spüren alle gut in sich hinein und teilen nacheinander mit, was erlebt worden ist. Zunächst beginnt die Person, deren Horoskop aufgestellt wurde, die dann weiter die Reihenfolge der Wortmeldungen der jeweiligen Darsteller*innen bestimmt und sich danach bei allen für die Bereitschaft zur Teilnahme an der Planeten-Aufstellung bedankt.

Zum Abschluss können sich die Darsteller*innen aus ihren Planeten-Rollen lösen bzw. „entrollen“, indem sie sich selber die Außenseiten der Arme abstreifen, aus dem (Tier-)Kreis heraustreten und wieder ihren ursprünglichen Sitzplatz in der Gruppe einnehmen.

Zuordnungen der Planeten zu archetypischen Gestalten, Gebärden und Lauten:

Planet	Röm.-griech.	Archetypische Gestalt	Gebärden	Laute
☉	Sonne/Sol/Helios	Sonnengott, Schöpfergott, König, Vater-Archetyp, Zentrum, Mittelpunkt, Licht, Bewusstsein	Hände vom Herzzentrum aus öffnen (ausstrahlen)	N oder SONNE tönen
☽	Mond/Luna/Selene	Mondgöttin, Mutter- und Kind-Archetyp, „Königin der Nacht“, Spiegel, Seele, Unbewusstes	Kind wiegen oder aufnehmende Schalen-Gebärde	M summen, lallen (la-le-li-lo-lu...), Ü tönen oder Wiegenlied singen

☿	Merkur/ Hermes	Götterbote, Seelenführer („Psychopompos“), (Ver-) Mittler, Händler, Redner, Denker, Thema: Polarität	Flinke Finger- und Handbewegungen auf Tastatur oder Handy; hin- und hergerissen werden	E tönen oder plappern
♀	Venus/ Aphrodite	Liebes- und Friedensgöttin, Muse, Schönheit, Künstlerin, Richterin, Genießerin, Partnerin, Verführerin	Gebärden der Anmut, Schönheit, des Eros, der Verführung und Hingabe	O tönen oder genießerisches „mmh“
♂	Mars/Ares	Kriegsgott, Kämpfer, Held, Eroberer, Sportler, Themen: Durchsetzung, Teilung, Trennung	Kampfgebärden, boxen, Schwertgebärde	I tönen oder „Hieb und Stich!“ mit Gebärden
♃	Jupiter/ Zeus	Glücksgott, Kaiser, Priester, Kentaur, Gönner, Prahler, Themen: Expansion, Fülle, Sinn	Aus dem Vollen schöpfen, priesterliche Orante-Haltung, Bogen spannen, Dirigenten-Gebärden	A tönen oder schwärmen, „Ja!“ rufen zu kraftvoller Gebärde nach oben, „mehr!“
♄	Saturn/ Chronos	Hüter der Schwelle, Begrenzer, Sichelmann (Tod), Eremit, alter Weiser, Gott der chronologisch ablaufenden Zeit, Thema: Vergänglichkeit, Grenze	Abgrenzungsgebärden, abweisen, einbremsen, verlangsamen, Unterarme überkreuzen	U tönen oder rufen: „Nein! Schluss! Fertig! Es reicht! Genug ist genug! Stopp! Werde wesentlich!“
⛢	Uranus/ Uranos	Erneuerer, Revolutionär, Genie, Verrückter, Narr, Springer, Gott des rechten Augenblicks (Kairos), Himmel	Blitz- und Feuerwerks-Gebärden, Finger schnippen, springen, schütteln	Zischlaute mit S + Z, pfeifen, lachen („ha-he-hi-ho-hu“)
♆	Neptun/ Poseidon	Meeresgott, Mystiker, Heiler, Hellsichtiger, Sensitiver, Süchtiger, Hypnotiseur, Vernebler, Täuscher	Gebärden im Wasser, Nebel, Rauch und Rausch, tarnen und täuschen	SCH (wie Meeresrauschen) oder OM tönen
♇	Pluto/ Hades	Gott der Unterwelt, Magier, Märtyrer, Schamane, Okkultist, Bestatter, Extremist, Opfer, Giftzwerg, Rumpelstilzchen, Schatten-Gestalt	Beschwören, hinunterziehen, zu Grunde gehen, eindringen, bohren, Giftstachel setzen, Ekel erregen, wütendes Stampfen, zwingen, drängen, sprengen	Explosiv-Konsonanten P, T + K, Rachen-R, Ekel-„ih!“, „wäh!““ oder „pfui!“, „stirb + werde!“ rufen

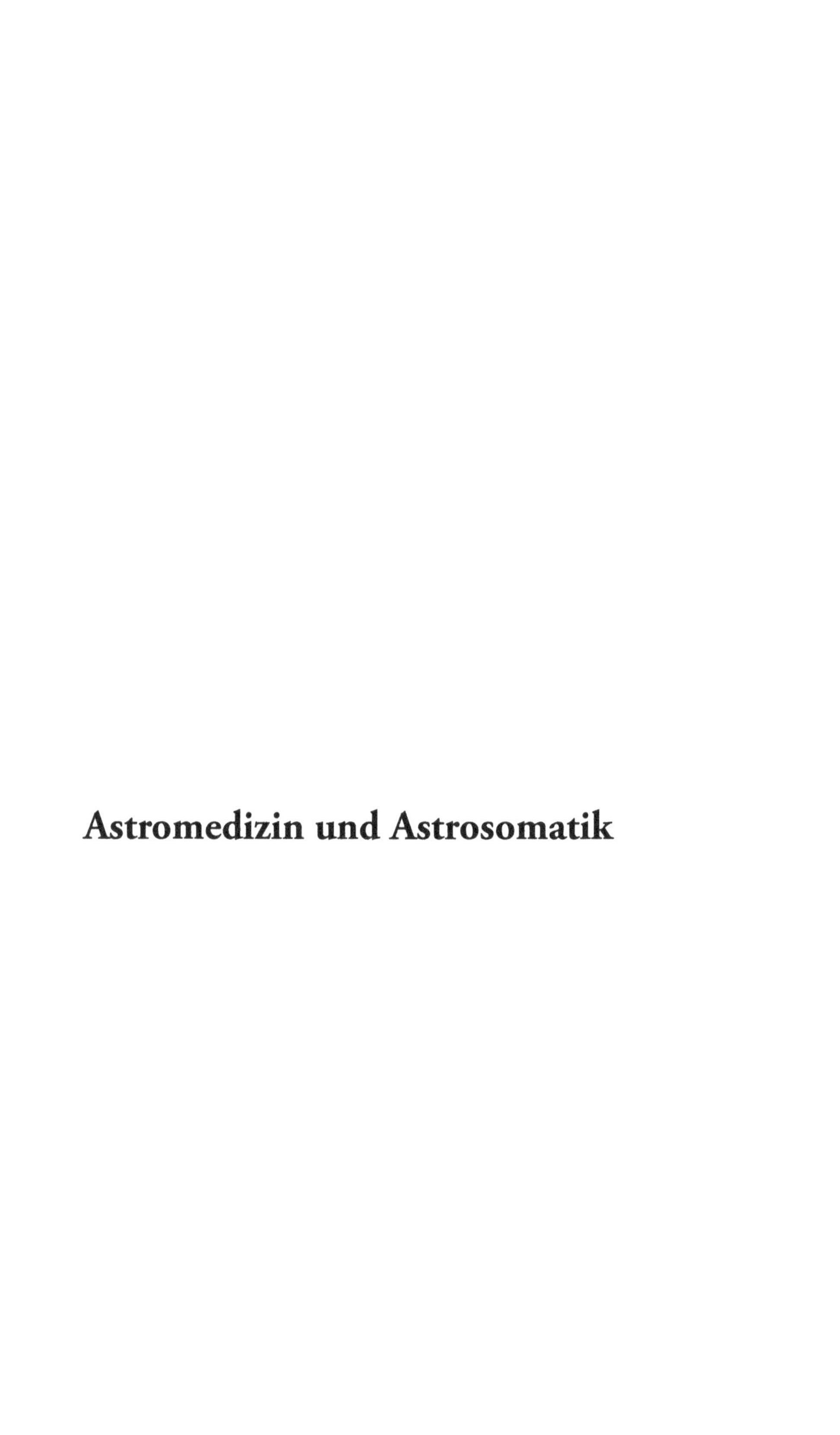

Astromedizin und Astrosomatik

Einführung

Die kosmische Dimension der Sternenweisheit (Astrosophie) vermittelt uns die aktuelle archetypische Zeitqualität sowie jene unserer eigenen Geburtszeit, die in unserer Psyche, in unserem Leib und in unserem Bezug zur Welt zum Ausdruck kommt. Die Astromedizin stellt Zusammenhänge her zwischen dem eigenen Geburtshoroskop und leiblichen Erscheinungsformen, insbesondere zu Krankheits-Phänomenen und -Dispositionen sowie zu Heilungspotentialen. Dabei werden Planeten und Tierkreiszeichen mit Leibräumen und Organen in Beziehung gebracht.

Während noch die Menschen der Antike (Ägypter, Babylonier, Sumerer) und des Altertums (Römer, Griechen) den Göttern, die sie mit den Namen der Planeten benannten, Opfer darbrachten, so sind wir heute als „moderne Menschen" von der Astrosophie eingeladen, den archetypischen Planeten-Themen Zeit, Energie und Aufmerksamkeit zu schenken, spätestens, wenn sie sich in Form von Lebensherausforderungen oder Krankheitssymptomen bei uns melden und uns auffordern, unser Leben zu ändern.

In den medizinischen Traditionen des Altertums und des Mittelalters wurden bestimmte ärztliche Behandlungen nur zu den passenden astrologischen Konstellationen durchgeführt. Paracelsus (1493-1541), einer der größten und ganzheitlichsten Heilkundigen des Abendlandes, bezeichnete einen Arzt, der nicht in die Sternenweisheit eingeweiht ist, einen Scharlatan.

Heute gilt leider das Gegenteil.

„In der anthropozentrischen Stellung des Menschen ist der Mensch als Körper-Selbst der Weltmittelpunkt, auf den das Weltgeschehen als Geschehen im Raum und in der Zeit bezogen ist. ... Das Körper-Selbst, die Ganzheit der biopsychischen Einheit, ist eine regulierende Ganzheits-Instanz, welche die biopsychische Entwicklung mit Einschluss der archetypisch bedingten Phasenentwicklung fast ausschließlich dirigiert." (Neumann 1963/1999, S. 171 + 29)

Sowohl die Beziehungen des Menschen zum Innen und Außen als auch die archetypisch bedingten Entwicklungsphasen gemäß den Planeten-Rhythmen ereignen sich in der Spiegelung zwischen dem Makrokosmos des Himmels und dem Mikrokosmos des menschlichen Leibes.

Der Sternen-Leib (Astral-Leib), der uns von Anfang an mitgegeben ist und der in das archetypische Feld unserer Psyche eingeschrieben ist, offenbart sich im Laufe des Lebens in allen Erscheinungsformen des physischen Leibes.

„Kann man sich (...) mit dem Mysterium aussöhnen, dass die Seele das innerlich angeschaute Leben des Körpers und der Körper das äußerlich geoffenbarte Leben der Seele ist, dass die beiden nicht zwei, sondern eins sind, so versteht man auch, wie das Streben nach Überwindung der heutigen Bewusstseinsstufe durch das Unbewusste zum Körper führt und umgekehrt.“ (Jung 1951)

Unser persönliches Horoskop als symbolische Darstellung unserer archetypischen Lebensthemen manifestiert sich nicht nur auf der psychischen Ebene, sondern inkorporiert sich auch im Leib.

Je nach Konstellationen der Planeten kommen im Sinne einer „astrosophischen Psychosomatik“ Stärken und Schwächen unserer psycho-physischen Ganzheit zum Ausdruck.

Anhand unseres eigenen Geburtshoroskops können wir unsere astromedizinischen Zuordnungen kennenlernen und einen Sinn-Zusammenhang zu erlebten Krankheits-Phänomenen herstellen.

Dies ist nicht nur zum Verständnis von vergangenen oder aktuell vorhandenen leiblichen Symptomen hilfreich, sondern auch zur Gesundheits-Prävention im Sinne einer „Astrosophischen Vorsorgemedizin“ (die allerdings keine ärztliche Vorsorgeuntersuchung ersetzen soll).

Der menschliche Leib ist eine Manifestation der Zeitqualität, inkorporierte Zeit, Gestalt gewordene Energie, Erscheinungsort kosmischer Rhythmen und Konstellationen. Der Kosmos stellt uns Lebensfragen und in jedem leiblichen Symptom und jeder Erkrankung kommen symbolisch-archetypische Themen zum Ausdruck, mit denen wir konfrontiert werden und die uns zu einer Antwort im Sinne einer anstehenden Wandlung herausfordern.

Nur wenn wir uns diesen ureigenen Themen stellen und darauf eine mit unserer Individualität und unserer inneren Stimme übereinstimmende Antwort finden, können wir einen Individuationsprozess vollziehen, der auch den Leib mit integriert, denn „Leiblichkeit ist das Ende der Werke Gottes.“ (Oetinger 1776)

Leib und Sternenweisheit („Astrosomatik“)

Kommen wir nun zu einzelnen praktischen Zuordnungen zwischen Leib und Sternenweisheit im Sinne einer „Astrosomatik“:

Grundsätzlich können wir zwei Krankheitsdispositionen unterscheiden:

Krankheiten mit der Endung „-itis“, werden der archetypischen Qualität des Mars (als Regent des Tierkreiszeichens Widder) zugeordnet und zeigen sich in akuten, entzündlichen Symptomen, die auf Grund von zu viel feuriger Energie Fieber, Hitze, Entzündungen und Koliken auslösen und plötzlich und krampfartig auftreten können.

Krankheiten mit der Endung „-ose“, die sich in Verfestigungen, Verkalkungen, Verhärtungen und Steinbildungen zeigen, werden dem Saturn (als Regent des Tierkreiszeichens Steinbock) zugeordnet, der als Chronos auch eine Entsprechung zu den chronischen Erkrankungen hat.

Bevor ich nun einen Überblick über die Zuordnungen des Leibes zu Tierkreiszeichen und Planeten gebe, fasse ich diese zusammen in meinen Kurzgedichten (Zweizeiler/Epigramme) aus meinem Buch „Wandlung zum inneren Himmel“ (Walch 2007, S. 286-288):

Der Himmel ist in dir, mit seinen Tierkreiszeichen
kann er mit diesen zwölf den ganzen Leib erreichen.

Der Himmel ist in dir, der Widder meint den Kopf,
denn schon bei der Geburt als erstes kommt der Schopf.

Der Himmel ist in dir, der Stier, der meint den Nacken,
er trägt so manches Joch, hilft gerne anzupacken.

Der Himmel ist in dir, der Zwilling nie allein,
die Hände zeigen ihm, die Welt besteht aus zweien.

Der Himmel ist in dir, der Krebs krebst gern zurück;
an seiner Mutter Brust find’t er sein kindlich Glück.

Der Himmel ist in dir, nun kommt des Löwen Sonne,
drum sehnt sich auch sein Herz nach Lebenslust und Wonne.

Der Himmel ist in dir, die Jungfrau die Verdauung,
die kritisch wählet aus, was ihr dient zur Erbauung.

Der Himmel ist in dir, die Waage sind die Hüften,
liebt Harmonie und Tanz mit Tüchern und mit Düften.

Der Himmel ist in dir, der Skorpion sein Schatten;
nur über sein Geschlecht können sie sich begatten.

Der Himmel ist in dir, der Schütze sein Begleiter,
die Oberschenkel braucht der himmlisch-stolze Reiter.

Der Himmel ist in dir, der Steinbock steigt nach oben;
erst unterm Gipfelkreuz kniet er sich hin zum Loben.

Der Himmel ist in dir, der Wassermann die Waden,
setzt damit an zum Sprung und spinnt den Schicksalsfaden.

Der Himmel ist in dir, nun rundet sich der Reigen,
ganz still, auf leisen Sohlen, die Fische dazu schweigen.

Die schönste Abbildung zu den Entsprechungen zwischen Leib und Tierkreis finden wir im Bild vom Tierkreis-Menschen im Stundenbuch „Très Riches Heures du Duc de Berry“ (1411-1416):

Astromedizinische Zuordnungen mit praktischen Übungen

Hier gebe ich nun eine weitere Differenzierung der astromedizinischen Zuordnungen der Tierkreiszeichen und Planeten zu den Leibräumen und Organen sowie deren Erkrankungen mit Hinweisen auf geeignete Therapien und Leib-, Atem- und Stimm-Übungen (aus: Walch 2018 ab S. 72).

Rechtshinweis bzw. Haftungsausschluss: Die angeführten Therapien und Übungen stellen keine Heilversprechen dar und ersetzen keine medizinischen und/oder therapeutischen Diagnosen und/oder Therapien durch Ärzt*innen, Psychotherapeut*innen oder Psychiater*innen.

Dem **Widder**, dem ersten Frühlingszeichen, mit dem Regenten **Mars**, der mit dem 1. Haus und dem Element Feuer (heiß und trocken) korrespondiert, ist in der Astromedizin der **Kopf** zugeordnet. Er hat eine Entsprechung zur Gallenblase, zur quergestreiften Muskulatur, zu den Arterien, Nägeln und Zähnen (Thema Aggression).

Typische Widder- bzw. Marskrankheiten sind Entzündungen aller Art („-itis"-Krankheiten), Eisenmangel, Bluthochdruck, Haarausfall, Unfalltendenz, Koliken, alle aggressiven und akuten Formen von Erkrankungen, generell alles, was mit dem Kopf zu tun hat, wie Kopfschmerzen und Kopfverletzungen.

Bei einem Ungleichgewicht von Widder/Mars besteht eine Möglichkeit zur Therapie im Ausgleich der Aggressionen über Körperübungen (z.B. Schwertgebärden) oder Sport. Dabei ist es wichtig, Aggressionen nicht zu verdrängen, sondern sie in „gelenkte Bahnen" zu leiten. Das Wort Aggression kommt von lat. „aggredere", d.h. voranschreiten. Sie fordert uns heraus, Stagnationen unserer Lebensenergie zu überwinden und zu weiterer Entwicklung unseres ureigenen Lebens-Weges „voranzuschreiten".

Leib-, Atem- und Stimm-Übungen zu Widder und Mars

„In der Vierbeiner-Haltung: Sich in alle Leibräume hineindehnen und den Atem mit den Dehnungen kommen und mit dem Zurückschwingen gehen lassen; Wirbelsäule nahe am Boden von hinten nach vorne (wie Schlange) und nach oben gedehnt (wie Katzenbuckel) wieder nach hinten bewegen; wedeln (mit Steißbein wie Hundeschweif) und Lockerung im Becken spüren; Zähne zeigen und knurren, dabei Vibration bis in den Bauchraum spüren; vom Knurren ins Bellen kommen und einzelne Bellbewegungen über das Zwerchfell bis in den Beckenboden spüren." (Walch 2018, S. 79)

Im Sitzen oder Stehen (im Kämpferschritt mit rechtem Fuß vorne, linkem Fuß im 45°-Winkel hinten) den Vokal I (der dem Mars entspricht) sprechen mit den Worten „Hieb und Stich", auch mit Schwert- und Stichgebärden (mit rechter Hand vorne, linker Hand hinten, die zusammen eine Schwertklinge bilden). Die Wirkung zu mehr Entschiedenheit und Klarheit spüren sowie die Kraft, auf den Punkt zu kommen.

Der **Stier** ist ein Erdzeichen mit Regentin **Venus** (sinnliche Erd-Venus als Morgenstern) und korrespondiert mit dem 2. Haus.

Hals, (Stier-)**Nacken und Kehlkopf** sind dem Stier zugeordnet und auch die Schilddrüse, Speicheldrüsen, Speiseröhre, Halslymphe, Mandeln und Stimmbänder.

Die Erd-Venus verleiht den Sinn für die Schönheit der Materie, kann sich aber auch als Unersättlichkeit, Hineinsaugenwollen, orale Bedürftigkeit, Besitzgier und die Schwierigkeit loszulassen äußern. Auch verstärkte Triebhaftigkeit, Fettleibigkeit, Verstopfung sowie Ängste und Enge im Halsbereich sind hier mögliche Symptome.

Als geeignete Therapien für ein Stier-Venus-Ungleichgewicht können Körpertherapien, Massagen, Wärmeanwendungen, Lehm- und Fangobäder, Chiropraktik, Stimmtherapie, Aromatherapie und Pflanzenheilkunde empfohlen werden.

Wurzel-Übung im Stehen zu Stier und Erd-Venus

„Den rechten Fuß auf den Zehenballen stellen und eine Drehbewegung des Fußes ausführen (wie Mulde in die Erde formen); Vertiefung spüren; dann andere Seite (mit linkem Fuß). Danach von den beiden Fußsohlen gleichzeitig Wurzeln in die Erde wachsen lassen: Zuerst von den Großzehballen aus, dann von den Kleinzehballen, zuletzt von den Fersen aus. Die Wurzeln spüren: Wie lang, dick, tief sind sie? Welche Farbe haben sie? Die Wurzeln haben mit unserer Herkunft und unserem Bezug zur Erde zu tun." (Walch 2018, S. 77)

Das Tierkreiszeichen **Zwilling** ist dem Element Luft und dem 3. Haus zugeordnet. Sein Regent, **Merkur**, ist der Heiler unter den Planeten. Wir kennen die Symbolik der Heilsschlange, die sich am Hermes- bzw. Merkurstab hochwindet.

Zum Zwilling gehören die **Schultern, Arme, Hände** (die Zweiheit und die Verzweigungen = Zwilling), die Lunge (Atem = Mercurius), die Luftröhre und die Bronchien (Themen: Differenzierung, Verästelung, Luftaustausch), die Nervenbahnen (Quecksilber = Mercurius) und das Thema Beweglichkeit sowie alle Erkrankungen der genannten Organe und Funktionen.

Geeignete Therapien sind Atemtherapien, Bewegungstherapien und alles, was zur Nervenberuhigung beiträgt.

Leib- und Energie-Übungen zu Zwilling und Merkur

„Im Stehen: Sich mit dem Daumen von der Mitte des Handtellers aus jeden Finger einzeln bis in die Fingerkuppe behandeln (vom kleinen Finger bis zum Daumen). Schwimmhäutchen zwischen den Fingern fassen und dehnen. Dann an anderer Hand wiederholen. Nachwirkung spüren.

Dehnungen (aus dem AIKIDO):

Hände mit verschränkten Fingern nach vorne und oben dehnen und lösen.

Rechte Hand zeigt nach oben, linke Hand mit Daumen von unten an Handrücken, Finger quer über andere Finger und rechte Hand nach vorne dehnen bis Hand und Unterarm im rechten Winkel und Ellenbeuge gedehnt ist. Dann an linker Hand wiederholen.

Rechte Hand zeigt nach vorne (mit Daumen nach unten), linke Hand mit Daumen an Handrücken, Finger quer über andere Finger und rechte Hand nach vorne dehnen bis Hand und Unterarm im rechten Winkel und Ellenbogen gedehnt. Dann an linker Hand wiederholen.

Rechten Handteller anschauen, Daumen der linken Hand an Handrücken unterhalb von kleinem und Ringfinger, restliche Finger der linken Hand umfassen die Handwurzel unterhalb vom rechten Daumenballen. Damit Handteller der rechten Hand nach unten und gleichzeitig nach vorne drehen (Dehnung in der Handwurzel). Dann an linker Hand wiederholen.

Die Handteller im rechten Winkel ineinander legen und von den Handgelenken aus locker schütteln (mit lockeren Schultern). Dabei die Energie in den Handtellern spüren, die auch weiter fließt, wenn die Schüttelbewegung abrupt innegehalten wird.“ (Walch 2018, S. 91/92)

Dem Zeichen **Krebs** entspricht das 4. Haus, das Element Wasser und als Regent der **Mond**.

Dem Krebs zugeordnet sind der **Magen** und die Brust, insbesondere die Brustdrüsen der Frau, die Schleimhäute (Phlegma=Schleim), die Lymphe und alle Körperflüssigkeiten wie Speichel, Muttermilch und Verdauungssäfte; auch das Thema Fruchtbarkeit (Eierstöcke, Gebärmutter, Hoden), Schwangerschaft und Geburt; weiterhin das Brustbein, 5. - 9. Rippe und die Zwischenrippenmuskulatur.

Neben allen Formen der Erkrankung dieser Organe und Organsysteme finden wir hier auch die Kinderkrankheiten sowie Störungen der Absorption von Flüssigkeiten (Ödeme, Zysten).

Als mögliche Therapien können Schonkost (Babynahrung), Lymphdrainagen, sanfte Massagen, Wasseranwendungen (Kneipptherapie, Hydrotherapie, Bäder, Güsse), Familientherapie, Traumarbeit (Mond) und Arbeit mit dem inneren Kind genannt werden.

Leib-, Atem- und Stimm-Übungen im Sitzen zu Krebs und Mond

„Sich im Becken rundherum streichen und sich darin annehmen: Im Unterbauch zwischen Nabel, Schambein und Leisten (sich im Unterbauch loslassen statt ihn einzuziehen), an den Hüften weiter streichen (auch Breite des Beckenraumes spüren) sowie die Rückseite bis zum Kreuzbein streichen. Dann Hände an Unterbauch und Kreuzbein anlegen. Das Becken in eine Kreisbewegung führen (in beiden Richtungen). Sich im Innenraum der Beckenhöhle spüren (= Raum des Urvertrauens, der Schwangerschaft und Geburt, der Urbilder, des kollektiven Unbewussten).

Mit dem Bild vom Märchenwald, durch den wir wandern, sprechen wir mehrmals »Uhu« und lassen uns auf diese Stimmung ein. Wir kommen in unserer Imagination auf eine Waldlichtung, wo eine Kuh mit Ihrem Kalb weidet und nehmen wie die Kuh zum Kalb mehrmals ein »Muh«. Mit der U-Formung der Lippen und der Mundhöhle (die der Beckenhöhle entspricht) wie beim »Uhu« und »Muh« lassen wir uns mehrmals auf das U-Tönen ein und füllen damit die ganze Beckenschale innerlich aus. Den Klang und die Wirkung gut nachspüren.

Das U spricht das Positiv-Mütterliche an (= positiver Elementarcharakter des Archetyps der Großen Mutter – Neumann 1956), wie bergen, schützen, nähren, und kann auf die frühkindliche, vor-verbale Phase heilsam einwirken.

Dem Feuerzeichen **Löwe** mit der **Sonne** als Regentin entspricht das 5. Haus.

Sonnen- und Löwenthemen sind das „Löwenherz“; so wie die Sonne als zentrales Gestirn ist das **Herz** unser zentrales Organ. Dazu gehören der Blutkreislauf, der Herzmuskel, die Herzkranzgefäße alles was damit zusammenhängt, wie Puls, Herzschlag oder Blutdruck.

Auch das Auge ist ein Sonnenorgan, das sich erst durch die Sonne bzw. das Vorhandensein von Licht entwickelt hat. Goethe stellt es in einen noch größeren Kontext:

Wär' nicht das Auge sonnenhaft,
Die Sonne könnt' es nie erblicken;
Läg' nicht in uns des Gottes eigne Kraft,
Wie könnt' uns Göttliches entzücken?

(Goethe 1982, S. 29)

Die Wirbelsäule mit Zentralkanal (Rückenmark) und das Sonnengeflecht als größtes zentrales und vegetatives Nervengeflecht des Menschen sowie die Themen Wärme, Kraft, Energie, Vitalität und Ausstrahlung gehören ebenfalls dazu.

Störungen können sich zeigen in Herz- und Kreislauferkrankungen aller Art, wie Herzinfarkt, Herzinsuffizienz, Herzrhythmusstörungen und Bluthochdruck; Augenerkrankungen, Schielen und Blindheit; Wirbelsäulen- und Rückenmarkserkrankungen; Vitalitätsstörungen.

Licht- und energiebezogene Therapien sind bei solchen Beschwerden geeignet, wie Akupressur, Shiatsu, Lichttherapie, Sonnenbäder oder Farbtherapien.

Leib-, Atem- und Stimm-Übungen zu Löwe und Sonne

„Selbstbehandlung des Brustbeins (vom Schwertfortsatz unten bis zum Handgriff oben die Haut auf dem Brustbein verschieben und die Ansätze der Rippen spüren). Hände auf die Mitte des Brustbeins legen, hineinhauchen (aus dem Raum zwischen den Schulterblättern durch den Herz-Raum hindurch nach vorne) und mehrmals das Herz-A tönen. Wirkung gut nachspüren." (Walch 2018, S. 90 + 101)

Die **Jungfrau**, mit Entsprechung zum 6. Haus, ist ein Erdzeichen, mit Erd-**Merkur** als Regent.

Die Themen der Jungfrau und des 6. Hauses sind die der Gesundheit und deren Prävention.

Der Jungfrau wird der **Verdauungstrakt** zugeordnet, insbesondere der Dünn- und Dickdarm mit dem Thema der Assimilation, d.h. der Auswahl zwischen dem, was aufgenommen und dem, was ausgeschieden wird. Zu ihr gehören auch die Bauchspeicheldrüse (exkretorischer Anteil), das Zwerchfell, die unteren kurzen Rippen und die Bauchmuskulatur.

Hier können sich Verdauungsstörungen aller Art zeigen bzw. Erkrankungen von Darm und Bauchspeicheldrüse, Essstörungen, Nahrungsmittelunverträglichkeiten und Mangelerkrankungen (Enzyme, Vitamine).

Geeignete Therapien sind Ernährungstherapien, Fasten mit Bauchmassagen, „Ordnungstherapie“, Kräuterheilkunde und Gartenarbeit als Therapie.

Leib-, Atem- und Stimm-Übungen zu Jungfrau und Erd-Merkur

„Mittleren Raum zwischen Nabel und Brustbein rundherum von der Magengrube über die unteren Rippen bis zur Lendenwirbelsäule streichen.

Die Hände auf die Magengrube (Solarplexus) legen und von der Mitte bzw. vom Zwerchfell aus in alle sechs Richtungen in einzelnen Schritten mit Gesten der Hände und mehrmaligem Sprechen der Richtungen sich leiblich ordnen und energetisch öffnen sowie immer wieder mit „und“ in die Mitte zurückkehren: Zuerst „vorne – und – hinten – und …“, dann „vorne – und – hinten – und – rechts – und – links – und …“ und zuletzt „vorne – und – hinten – und – rechts – und – links – und – oben – und – unten – und …“. Danach von der Mitte aus in alle Richtungen sowie in den Innen- und Umraum spüren.“ (Walch 2018, S. 101)

Der Regent des Luftzeichens **Waage** ist die **Venus** (Luft-Venus als Abendstern), mit Entsprechung zum 7. Haus.

Ihr zugeordnet sind die Nieren, die Blase, die Harnleiter, die Bauchspeicheldrüse (innersekretorischer Anteil, Insulin), die Venen (Venus), die Haut (Schönheit der Haut), die Lendenwirbelsäule, die Hüftgelenke, die **Hüften** (Gleichgewicht, Balance) und der Säure-Base-Haushalt.

Krankheiten sind unter anderen Diabetes, Krampfadern, Hautprobleme, Nieren- und Blasenerkrankungen, Hüftgelenksbeschwerden und Gleichgewichtsstörungen.

Als Therapien kommen in Frage: Paartherapie, Kunst- und Maltherapie, Tanz- und Musiktherapie, Gleichgewichtsübungen, Yoga, Haut- Schönheitsbehandlungen, Atemtherapie (Luftzeichen).

Leib-Übung im Stehen zu Waage und Luft-Venus

„Hände seitlich rechts und links mit Fingern nach unten an den Beckenkamm legen. Eine Handlänge nach unten streichen, bis die Trochanter (= Rollhügel der Oberschenkelknochen) in den Handtellern liegen. Sich dort mehrmals hin und her wiegen, eine innere Verbindung entstehen lassen und sich auf die tragende Breite dieser unteren Becken- bzw. Trochanter-Achse einlassen.

Mit den Händen an den Trochantern sich in diese untere Achse bis in die Horizontale fallen lassen, einmal nachschwingen und sich mit dem Schwung, wie Stehaufmännchen mit Schwerpunkt im HARA, wieder aufrichten. Variante: Zum Fallen und Nachschwingen mit Aufrichten die beiden Silben »fallen« sprechen). Mehrmals wiederholen und Veränderung spüren." (Walch 2018, S. 75)

Das Zeichen **Skorpion** korrespondiert mit dem 8. Haus, mit dem Element Wasser („Feuerwasser", da ursprünglicher Regent Mars) und dem heutigen Regent **Pluto**.

Dem Skorpion zugeordnet sind die Tabuthemen, Tabuzonen und Tabuorgane: **Genitalien**, After, Enddarm, Mastdarm, Prostata, Harnblase, Harnröhre, der Beckenboden mit Schambein, Steißbein, Sitzbeinen, Schließmuskel, auch die Nase (Volksmund: „Wie die Nase des Mannes, so ist sein Johannes"). Der Skorpion verleiht aber auch eine starke Regenerationskraft mit den plutonischen Themen des „Stirb und Werde" (Goethe – hatte einen Skorpion-Aszendent), des Phönix aus der Asche und von Tod und Wiedergeburt.

Typische Pluto- und Skorpion-Störungen bzw. -Erkrankungen sind Vergiftungen, Autoaggressionserkrankungen (den Skorpion-Stachel sich selber zugewandt), Wucherungen, Verwachsungen, Krebserkrankungen, tödliche Krankheiten, Erkrankungen die notärztliche und intensivmedizinische Interventionen benötigen, Geschlechtskrankheiten, Erkrankungen im Ausscheidungsbereich, wie Hämorrhoiden, Nasen- und Nasennebenhöhlenprobleme.

Zu den geeigneten Therapien gehören intensive und extreme Therapieformen, Krebstherapien, entgiftende Therapien, Schröpfen, Aderlass, Blutegel, Saunagänge (mit großer Hitze), Sexualtherapie, Traumatherapie, Hypnose, Psychotherapie (der verdrängten Tabu- und „Schatten"-Themen).

Leib-, Atem- und Stimm-Übungen zu Skorpion und Pluto

„Im Sitzen Hände seitlich unters Becken legen (mit Handtellern nach oben) und sich darauf niederlassen (von den Schultern loslassen, sich im Beckenboden niederlassen). Sich auf den Sitzbeinen aufrichten, sodass Zwerchfell (lat. »diaphragma«) und Beckenboden (lat. »diaphragma pelvis« = Becken-Zwerchfell) senkrecht übereinander sind.

Dabei kurzes und langes SCH spüren, kurzes FT und langes FFF, sowie kurzes »Hopp! «, »ÔHÔ!« und langes Ausstöhnen nach unten in den Beckenboden.

Wir lösen die Hände seitlich heraus und spüren die Nachwirkung im Kontakt zur Sitzunterlage.

Kiefergelenke behandeln und Öffnung ins offene Ô spüren und sprechen. Dann mehrmaliges Tönen des offenen Ô (mit weiten, offenen Kiefergelenken und weiter Mundhöhle sowie guter Lippenfassung); das Ô spricht die archaische, vorpersönliche Ebene an und verbindet uns mit der vitalen Ursprungskraft des ersten Energiezentrums (Wurzel-Chakra); wir finden es bei den mongolischen Reitern und bei den tibetischen Mönchen.

Ô-Worte sprechen: »Skorpion« und »Pluto«.

Zum Abschluss nochmals Ô tönen und Veränderung spüren." (Walch 2018, S. 79/80)

Dem Tierkreiszeichen **Schütze** ist das 9. Haus, das Feuerelement und als Regent der **Jupiter** zugeordnet.

Ihm entsprechen die **Oberschenkel** mit seinen Muskeln und Knochen, die Gesäßmuskeln, die Beckenschaufeln (Darmbeine), als Organ die **Leber** (größtes Organ – Jupiter), die als Zentrallabor die assimilierten Nahrungsstoffe bewertet, entgiftet und biochemische Umwandlungsprozesse durchführt sowie die Körpertemperatur reguliert. Darüber hinaus gehören die Themen Wachstum, Ausdehnung und Ausweitung dazu.

Störungen können sich zeigen in Fettleibigkeit (Adipositas), Übergewicht, Schwellungen und gutartigen Geschwülsten sowie in allen Lebererkrankungen, wie Hepatitis, Gelbsucht, Fettleber oder Leberzirrhose.

Geeignet sind Therapien, die helfen, das „rechte Maß" zu finden, nicht übers Ziel hinauszuschießen und Überheblichkeit (Hybris) und Prahlerei zu vermeiden, Logotherapie (Jupiter-Frage nach dem Sinn), Optimismus, Großzügigkeit, Bezug zum Großen und Weiten, zu Weltreisen und Weltreligionen, Bogenschießen und Reiten (Schütze-Bild des Kentaur mit Bogen schießendem Mischwesen der griechischen Mythologie aus Pferd und Mensch).

Leib- und Atem-Übung im Stehen zu Schütze und Jupiter

Sich im Stehen von allen Leibräumen aus nacheinander in alle Richtungen dehnen und spüren, ab welchem Grad der Dehnung die Einatmung von selber kommt, dann zurückschwingen und spüren, wie die Ausatmung von selber geschieht.

Den Vokal I tönen und gleichzeitig die Gebärde des Bogenspannens nehmen. Dabei den Spannungsbogen vom Scheitel bis zum Steißbein spüren.

Große Atemübung im Sitzen

„Leibseiten nacheinander streichen und jeweils über den Gelenken kreisen: Von der Hüfte über Flanke, Achselhöhle und Arminnenseite über Ellenbeuge und Handwurzel bis über die Hand hinaus (beim zweiten Mal in einer Streichung ohne zu kreisen). Zuerst rechts, dann links. Jeweils Wirkung spüren.

Für die große Atemübung Handteller nach außen wenden und Arme seitlich in weitem Bogen nach oben führen. Dabei den Einatem über die Handteller aufnehmen. Über dem Scheitel die Handteller wieder umwenden und Arme seitlich in weitem Bogen wieder nach unten führen. Dabei den Ausatem mit tiefem Ausstöhnen über die Fingerspitzen abgeben. Nach dreimaligem Ausstöhnen dreimal den Vokal A (der dem Jupiter entspricht) bis in Fingerspitzen und in den Umraum (in Gestalt der Mandorla) tönen. Wirkung auf Innen- und Umraum, Atem- und Energiebewegung gut nachspüren." (Walch 2018, S. 92/93)

Das Erdzeichen **Steinbock** mit **Saturn** als Regent korrespondiert mit dem 10. Haus.

Die Themen dieses Zeichens sind die Verdichtung, Konzentration, Reduktion aufs Wesentliche. Ihm zugeordnet sind die **Knochen** und der Zahnschmelz (am meisten verdichtete und langlebigste Materie im Körper), die **Kniegelenke**, die Kniescheibe, das Skelett mit Sehnen und Bändern, der Kalkhaushalt, die Haut als Grenze, die Milz, die Abwehrfunktionen und die Widerstandskraft.

Steinbock- und Saturn-Themen finden wir in Krankheiten mit „-ose"-Tendenz, wie Sklerose, Osteoporose oder Arthrose, d.h. in allen Formen von Stauungen, Verhärtungen, Versteinerungen, Steinleiden sowie Schuppenflechte, Verschlusskrankheiten von Magen, Darm oder Gefäßen (Thrombosen), Mangelerkrankungen (z.B. von Mineralien), Alterungs- sowie Schrumpfungs- und Austrocknungsphänomenen, chronischen Krankheiten (Chronos = Saturn), Knochenerkrankungen, Gelenksrheuma. Auch Geiz, seelische Härte und Strenge zählen zu den Steinbock- und Saturn-Themen.

Als Therapien eignen sich u.a. Ordnungstherapie (Neuorganisation und Struktur), Konzentration, Meditations-Retreat, Kloster auf Zeit, Reduktion aufs Wesentliche (Angelus Silesius: „Mensch werde wesentlich", Silesius 1979, S. 56), Fasten, Bergsteigen als Therapie, Chiropraktik und Osteopathie.

Leib- und Energie-Übung zu Steinbock und Saturn

In Sitzposition eine Kniebehandlung vornehmen, indem die Knie von der Kniescheibe bis in die Kniekehle rundum gestrichen werden.

Im Stehen die Hände an die Knieaußenseiten legen (Yang-Meridiane) und mit aneinandergelegten Knien mehrmals in beide Richtungen kreisen. Dann die Hände an die Knieinnenseiten legen (Yin-Meridiane) und in den Knien mehrmals in beide Richtungen in öffnenden bzw. schließenden Bewegungen kreisen. Danach energetische Belebung in den Kniegelenken spüren.

Dem Luftzeichen **Wassermann** wird als Regent der **Uranus** und das 11. Haus zugeordnet.

Die leiblichen Entsprechungen sind die **Unterschenkel**, die Schien- und Wadenbeine, die Wadenmuskulatur, die Sprunggelenke (das Symbol des Uranus ist das Hinausspringen aus der Mittelpunktstellung der Sonne) und das zentrale Nervensystem.

Uranus ist auch der Narr, der „Ver-rückte", Thema: „Genie und Wahnsinn".

So sind mögliche Wassermann- und Uranus-Erkrankungen psychische Krankheiten, alle Krampfzustände von den Wadenkrämpfen bis zur Epilepsie, Tics, Koliken, Spasmen, plötzliche Anfälle, blitzartiges Einschießen von Schmerzen oder Symptomen, Brüche und Verletzungen im Schien- und Wadenbeinbereich und in den Sprunggelenken („Wintersportverletzungen" in der tiefsten Winterzeit des Wassermanns im Januar/Februar), Gefahr „abzuheben" (Uranus als Himmelsgott).

Mögliche Therapien sind die Neuraltherapie, Magnetfeldtherapie, Ultraschalltherapie, Ozontherapie, Atemtherapie (Luftzeichen), Sprechtherapie (Zischlaute), NLP, paradoxe Intervention, Witz als Therapie, Lach-Yoga, Derwisch-Tanz, Zen mit Koan-Übung (z.B. „höre das Klatschen der einen Hand"), moderner Tanz, Ballett, Springen, Hüpfen und Schütteln (Dynamische und Kundalini-Meditation).

Leib- und Energie-Übung zu Wassermann und Uranus

In der Sitzposition sich selber von allen Seiten in den Sprunggelenken (von der Achillessehne aus unterhalb der Knöchel bis zum Rist) behandeln, dann Fuß im Sprunggelenk kreisen (mit Gegenhalt von Daumen und Mittelfinger unterhalb von Innen- und Außenknöchel) und danach mit beiden Händen umschließen (dabei Innenraum des Sprunggelenks spüren).

Im Stehen das Gewicht auf die Zehenballen verlagern und von den Sprunggelenken aus ein lockeres Federn aufsteigen lassen durch alle Gelenke, bis es den ganzen Leib erfasst. Dabei immer wieder das Gewicht von einer Seite auf die andere verlagern und Atem und Stimme (in einem Summen) freigeben. Nachwirkung auf Leib, Atem und Energie spüren.

Das Tierkreiszeichen der **Fische** ist als Wasserzeichen dem 12. Haus zugeordnet mit **Neptun** als Regent.
Den Fischen entsprechen die **Füße**, die Fußmuskulatur und ähnlich dem Tierkreiszeichen Krebs die Schleimhäute und die Schleimbildung (Wasser = Phlegma = Schleim) sowie die „feinstofflichen" Dimensionen des Leibes („Aura", früher als „Ätherleib" bezeichnet).

Zu den Krankheits-Themen der Fische zählen Erkältungen, Hypersensibilität, Hypochondrie, Auflösungs- und Suchtkrankheiten (sich auflösen und vernebeln = Neptun), psychische und psychosomatische Erkrankungen, Halluzinationen, Symbiose- und Aufopferungstendenzen, Helfersyndrom, Seuchen, Vergiftungen, Lähmungen.

Als Therapien eignen sich Fußreflexzonenbehandlungen und alle Fußanwendungen (Fußbäder), Duft- und Aromatherapie, Musiktherapie, alle feinstofflichen Verfahren wie Homöopathie, Bachblüten, Aura-Behandlungen, Geistheilung, Meditation und Kontemplation.

Leib-Behandlung zum Zeichen der Fische und zu Neptun
„Im Sitzen sich selber die Füße einzeln behandeln, insbesondere das Fußgewölbe, die Zehenballen und die Zehen; diese dann einzeln in den Zehengrundgelenken kreisen, dann die Schwimmhäutchen zwischen den Zehen fassen und nach unten und oben dehnen (Zonen der oberen Lymphe).

Von der Mitte des Fußgewölbes aus (Energiezentrum, Solarplexus-Zone) mit den Daumen sternförmig öffnend streichen, dann mit dem Handteller im Fußgewölbe ruhen (andere Hand auf Fußrücken legen). Dabei den Energiefluss zwischen Handteller- und Fußgewölbe-Zentrum spüren. Unterschied zum unbehandelten Fuß spüren. Dann den anderen Fuß behandeln. Nachwirkung auch im Stehen spüren." (Walch 2018, S. 91)

Blick in die Sternwelt auf, damit dein Geist gesundet!
Dort ist der ewige Kreis, der in sich selbst sich rundet.

(Rückert 1978, S. 74)

Astro-Biorhythmus-Mandala als kosmische Uhr der Tageszeit-Qualitäten

In einem Mandala als Darstellung eines Astro-Biorhythmus habe ich nach dem Vorbild einer Organuhr die Tierkreis-Zeitqualitäten des 24-Stunden-Tag-Nacht-Zyklus, die im Uhrzeigersinn angeordnet sind, gestaltet. Die Tierkreiszeichen in den roten Yang-Feldern sind jeweils zwei Stunden der zwölf Stunden des Tages und die Tierkreiszeichen in den blauen Yin-Feldern sind jeweils zwei Stunden der zwölf Stunden der Nacht zugeordnet:

Der Höchststand der Sonne im Jahreslauf zum Zeitpunkt der Sommersonnenwende sowie der Höchststand der Sonne im Tageslauf am Mittagspunkt befinden sich beide im Tierkreis am Übergang vom Zeichen der Zwillinge in das des Krebses.

So wie im Jahreslauf der Sonnenbahn durch den Tierkreis der Sonnentiefststand zur Wintersonnenwende am Übergang vom Zeichen des Schützen in das des Steinbocks zu finden ist, so ist am selben Übergang auch im Nachtlauf der Sonne der Sonnentiefststand am Mitternachtspunkt.

Der Tag beginnt mit dem Anfangs-Zeichen Widder ♈ von 6 - 8 Uhr, geht im Laufe des Vormittags weiter in das praktische Zeichen Stier ♉ von 8 - 10 Uhr und in das bewegliche Zeichen der Zwillinge ♊ von 10 - 12 Uhr bis zum Mittagspunkt.

Der Nachmittag, an dem die Sonne „zurückkrebst", beginnt mit dem Zeichen Krebs ♋ von 12 - 14 Uhr zur Mittagspause. Die Zeit von 14 - 16 Uhr, in der meist die Tageshöchsttemperatur erreicht wird, entspricht der Zeitqualität des Sonnen-Zeichens Löwe ♌. In die Zeit von 16 - 18 Uhr fällt die „Erntezeit" des Tages mit dem Arbeitsabschluss im Zeichen der Jungfrau ♍.

Am Übergang in den Abend von 18 -20 Uhr steht wie bei der Herbst-Tag-und-Nacht-Gleiche das Zeichen der Waage ♎. Beim Eintauchen in die Nacht von 20 - 22 Uhr begegnen wir dem Zeichen Skorpion ♏, während in den zwei Stunden vor Mitternacht von 22 - 24 Uhr wie vor der Wintersonnenwende im Jahreskreis die Zeitqualität des Zeichens Schütze ♐ zu finden ist.

So wie in der dunkelsten Zeit des Jahres können wir die beiden Stunden von Mitternacht bis 2 Uhr dem Tierkreiszeichen des Steinbocks ♑ zuordnen. Die Wassermann-♒-Qualität des Herausspringens aus der Zeit finden wir in den Stunden von 2 - 4 Uhr, während das Übergangszeichen der Fische ♓ von 4 - 6 Uhr die Nacht mit dem Tag verbindet.

Mit diesem Mandala des Astro-Biorhythmus können wir auch die den jeweiligen Tierkreiszeichen zugeordneten Leib- und Organbezüge mit den jeweiligen Doppelstunden des 24-Stunden-Tag-Nacht-Zyklus in Beziehung bringen.

Wer möchte, kann meine Mandala-Zeichnung gerne auch als Vorlage für ein Ziffernblatt einer Uhr verwenden.

Exkurs zur Corona-Virus-Pandemie (Covid-19) mit einzelnen Bezügen zur Sternenweisheit

Zum Jahreswechsel am 31.12.2019, als zum ersten Mal die Corona-Virus-Infektion in Wuhan in der Öffentlichkeit bekannt wurde, waren Sonne, Merkur, Jupiter, Saturn, Pluto und der absteigende Mondknoten im Zeichen des Steinbocks, wobei Saturn und Pluto, die Planeten von Tod und Wandlung, in Konjunktion standen. Am 24./25.1.2020 zum ersten Neumond des Jahres (Konjunktion von Sonne und Mond im Zeichen des Wassermanns) wird sogar das chinesische Neujahrsfest wegen der Corona-Virus-Infektion abgesagt, d.h. genau mit Beginn des chinesischen Tierkreiszeichens Ratte im Element Metall. Damit taucht eine Seuche auf, die sich zur Pandemie entwickeln wird, so wie die Pest, die im Mittelalter von Ratten übertragen wurde.

Mit dem zweiten Neumond (Konjunktion von Sonne und Mond im Zeichen der Fische) am 23.2.2020, dem tibetischen Neujahrstermin, taucht das Virus in Europa, zuerst in Italien, auf (Italien als Land im Tierkreiszeichen Krebs in Opposition zum Steinbock-Thema). Zu diesem Zeitpunkt sind wieder vier Planeten im Steinbock: Pluto (Zwangssituation, Schattenthema), Saturn (Begrenzung, Widerstand, Tod), Jupiter (weltweite Ausbreitung) und Mars (mit Konflikten und Fieber einhergehend).

Am 9.3.2020 beginnt die Quarantäne in Italien zum Vollmond im Zeichen der Jungfrau (= Gesundheits- und Krankheits-Themen) in Opposition zur Sonne im Zeichen der Fische (= Rückzug, Isolation, Quarantäne) in Konjunktion mit Neptun (= Auflösung, Stillstand).

Gleichzeitig kommt es mit der Konjunktion von Venus (Geld, Besitz) und Uranus (Herausspringen, Crash, Revolution) im Zeichen Stier (= materielle Grundlagen) zum größten Börsencrash seit 2008, einem Jahr, das auch dem chinesischen Tierkreiszeichen Ratte zugeordnet wurde.

Die Wintersonnenwende mit der Jupiter-Saturn-Konjunktion am 21.12.2020

Nachdem am 17.12.2020 (250. Geburtstag Beethovens und Todestag Rumis) Saturn vom Zeichen des Steinbocks in das des Wassermanns übergeht und zwei Tage später am 19.12.2020 auch Jupiter in den Wassermann eintritt, treffen sich beide wiederum zwei Tage später am 21.12.2020, am Tag der Wintersonnenwende, in einer Konjunktion. Diese wird auch als Königskonjunktion bezeichnet, da sie dem Stern von Bethlehem entspricht, der die drei

Könige zum Ort der Geburt Christi geführt hat, so wie die Wintersonnenwende den Zeitpunkt der Geburt des Lichts darstellt.

Mit der Konjunktion von Jupiter und Saturn im Zeichen des Wassermanns beginnt gleichzeitig eine neue Epoche: Diese ca. alle 20 Jahre stattfindende Konjunktion hat sich von 1802 an immer in Erdzeichen ereignet, 1980 im Luftzeichen Waage, 2000 noch einmal in einem Erdzeichen und ab 21.12. 2020 bis 2159 taucht sie nur mehr in Luftzeichen auf. D.h. wir sind am Beginn einer Epoche, die einen Übergang vom Element Erde zum Element Luft anzeigt, d.h. von einer eher materialistisch-kapitalistischen Prägung des kollektiven Unbewussten hin zu einer geistig-idealistischen Ausrichtung. Vor dem Hintergrund der Konjunktion von Jupiter und Saturn im Zeichen des Wassermanns hat uns die Corona-Pandemie durch die Forcierung der digitalen und virtuellen IT-Welt (mit Distance-Learning, Internet-Meetings, Home-Office …) direkt ins Wassermann-Zeitalter katapultiert. Genau am 21.12.2020 wurde auch der erste neue Impfstoff gegen Corona in der Europäischen Union zugelassen.

Obwohl am selben Tag mit Eintritt der Sonne in das Zeichen des Steinbocks von der EU ein Landeverbot für Flüge aus Großbritannien (= Steinbock-Land) wegen der dort aufgetretenen neuen Covid-Mutation ausgesprochen wurde und die „Deadline" für die Brexit-Verhandlungen zwischen der EU und Großbritannien festgelegt wurde, kommt es doch noch drei Tage später, am Heiligen Abend (24.12.2020), zur Weihnachtsüberraschung: Die Einigung auf einen Brexit-Vertrag mit Eintritt des Mondes ins Zeichen des Stiers (EU), wo Uranus, der Planet der Überraschung, steht und Saturn, der am 19.12.2020 in den Wassermann eingetreten ist, nun nicht mehr im Steinbock (Großbritannien) blockiert.

Am 13. 1. zum Neumond im Steinbock sind Sonne und Mond gleichzeitig in Konjunktion mit Pluto. Dabei gelangt das Steinbock-Land Großbritannien mit den Intensivbetten an seine Grenzen und die viel ansteckendere britische Covid-Mutation ist in Österreich (Waage-Land im Quadrat zum Steinbock) angekommen. Am selben Tag kommt es zur Regierungsauflösung in Italien, wo gleichzeitig in Kalabrien der bisher größte Mafia-Prozess (Pluto-Thema) mit 300 Angeklagten beginnt (Italien als Land im Zeichen des Krebses in Opposition zum Steinbock-Thema mit der Sonne-Mond-Pluto-Konjunktion).

Dieser Exkurs soll nur einen kurzen Einblick geben, wie uns die Zeitqualität der Sternenweisheit mit ihren Rhythmen, Konstellationen und Aspekten eine symbolische, archetypische und komplementäre Betrachtungsweise von kollektiven Phänomenen ermöglicht und einen tieferen Sinnzusammenhang herstellen lässt.

Der Weihnachtsfestkreis und die zwölf heiligen Nächte

Seit jeher kennen wir Zeiten, die durch ihre besondere Stellung oder Bedeutung hervortreten im Jahreskreis der Sonnenbahn. Insbesondere das Ende und der Neubeginn eines Zyklus wurden hervorgehoben und rituell begangen. In weniger hektischen Zeiten wie heute hatten die Menschen noch mehr Gespür für eine qualitative Zeiterfahrung, die neben der chronologisch ablaufenden Quantität der Zeit in jedem Augenblick, jeder Stunde, jedem Tag wirksam ist. Während die alten Griechen noch die Götter Chronos und Kairos diesen beiden Zeit-Erfahrungen zuordneten, unterschied Thomas von Aquin „tempus", die profane Zeit, von „aevum", die er „Engelszeit" nannte. Erich Neumann spricht von einer „Schicksalszeit", die jenseits der normalen Dreizeitigkeit unseres Bewusstseins in der Unterscheidung in Vergangenheit, Gegenwart und Zukunft besteht und in welcher die Persönlichkeit durch archetypische Strukturen bestimmt wird. (Neumann 1953/1992, S. 81/82)

Eine solche archetypische Struktur stellen die zwölf Zeitqualitäten des Tierkreises dar, wie sie sich auch in den zwölf Monaten des Jahres und den zwölf heiligen Nächten widerspiegeln.

Die zwölf heiligen Nächte gehen wahrscheinlich auf den alten Mondkalender zurück, in dem ein Jahr zwölf Mondzyklen (à 29,5 Tage) umfasste, was 354 Tage ergab. Indem elf Tage und zwölf Nächte eingefügt wurden, war das Sonnenjahr mit 365 Tagen vollständig. Gleichzeitig wurde diese dunkelste Zeit „zwischen den Jahren" als sakrale Zeit rituell begangen, in der der Himmel als besonders offen in die andere Wirklichkeit, in die jenseitige Welt der Ahnen und der Geister angesehen wurde.

Im Volksglauben, insbesondere im süddeutschen Raum, in Österreich und in Südtirol, wurden diese Nächte „Raunächte" genannt. Der Name wird verschieden gedeutet: Abgeleitet von „raunen", mittelhochdeutsch „runen", was „flüstern" heißt, weisen die Raunächte darauf hin, dass in dieser Zeit das Flüstern der Geister und Ahnen aus der jenseitigen Welt besonders gut vernehmbar ist. Die Bezeichnung „Rauchnächte" ist auf den Brauch zurückzuführen, in dieser Zeit Ausräucherungen der Ställe durch den Pfarrer oder die Bauern vornehmen zu lassen, um die Räume von negativen Einflüssen zu reinigen. Auch die drei Könige, die noch heute zum Abschluss der zwölf heiligen Nächte kommen, bringen den Weihrauch.

Eine dritte Deutung geht auf das mittelhochdeutsche Wort „rûch", was „haarig" heißt, zurück und ist als Begriff in der Kürschnerei als Rauware für Tierfelle noch in Verwendung. Die Nächte stehen aus dieser Sicht in enger Verbindung mit Ritualen rund um das Nutzvieh, aber auch mit Verwandlungen zwischen Tieren und Menschen oder haarigen mythischen Wesen.

Zwischen dem 25. Dezember und dem 6. Januar feierten schon die nordisch-germanisch-keltischen Völker die zwölf heiligen Nächte, die sie die „heiligen Zwölften" nannten.

In der ersten Nacht beging man das Fest des Gottes Fro oder Freyr, der als jugendlicher, neugeborener Jahresgott die mit der Wintersonnenwende neuerlich an Licht zunehmende Sonne symbolisierte. Die letzte der zwölf heiligen Nächte, vom 5. auf den 6. Januar, war die Berchten-Nacht. Berchta oder Berta war der Name der vom erneuerten Licht des Himmels verklärten und durchstrahlten Erde. Der Archetyp der großen Weltenmutter hieß als Himmelskönigin Frigga, als unterirdische Herrscherin der Toten Hela oder Frau Holle und als durchlichtete Mutter Erde Berchta oder Berta. (Vgl. Schult 1980, S. 80)

Erich Neumann spricht von der Sophia-Psyche als der ursprünglichen und verklärten Erde, die als Einheit von Natur und Geist die bisher letzte Wandlung des Erdarchetyps in der Neuzeit darstellt. „Gerade in dieser Erfahrung von der Transparenz und Transzendenz der Erde scheint mir ein wesentliches Stück der neuen Religiosität des modernen Menschen zu bestehen." (Neumann 1954/1992, S. 46)

Dieser Wandlungsprozess kommt nach den zwölf heiligen Nächten am 6. Januar im Fest Epiphanie zum Vorschein.

Mit dem 25. Dezember und dem 6. Januar wurden beide alten Wintersonnwend-Termine in den christlichen Festkreis aufgenommen.

Zur römischen Kaiserzeit wurde der 25. Dezember von den Anhängern des Mithras-Kultes als „dies natalis solis invicti", als „Geburtstag der unbesiegten Sonne" gefeiert.

Der 6. Januar war ursprünglich im alten Ägypten der Tag der Wintersonnenwende, der Geburtstag des Osiris und des Äon, des Jahresgottes.

Erich Neumann spricht in der „Ursprungsgeschichte des Bewusstseins" (Neumann 1949/2004, S. 246) vom Integrationsprozess der Osirifizierung im Königsritual, in dem sich das irdische, sterbliche Ich, für das Horus steht, mit dem himmlischen, unsterblichen Selbst verbindet, mit dem Osiris identifiziert wurde.

Diese „innere kopernikanische Wende", in der das Ich realisiert, dass es sich immer schon um die „Sonne" des Selbst gedreht hat, kommt auch in der bewussten Erfahrung der Ich-Selbst-Achse, sowie im Christus-Wort „Ich und der Vater sind eins" (Joh. 10,30) zum Ausdruck.

„Epiphaneia" heißt „Erscheinung des Lichtes" und wurde ursprünglich für den Einzug des „Gottkönigs" in seine Stadt gebraucht, was innerpsychisch der Integration von Ich und Selbst entspricht.

Zuerst wurde der 6. Januar von den christlichen Gnostikern im 2. Jh. n. Chr. in Alexandria in den Kreis der christlichen Feste übernommen. Dieser Tag wurde nicht als physischer, sondern als geistiger Geburtstag Christi gefeiert.

Der symbolische Prozess durch die zwölf heiligen Nächte verläuft somit von Weihnachten, der physischen Geburt des Jesus von Nazareth in Bethlehem („Haus des Brotes"), mit den der Erde zugewandten Hirten und Tieren, bis hin zum Fest Epiphanie, der geistigen Geburt des Christus-Selbst, mit den dem Himmel zugewandten und dem Stern (Symbol des Selbst) folgenden drei Königen.

Die Tatsache, dass am 6. Januar auch das Fest der Taufe am Jordan, der „Wiedergeburt aus Wasser und Geist" (Joh. 3,5), gefeiert wird, verstärkt die Bedeutung des geistigen Geburtstags.

So wie vor und nach Ostern jeweils ein Zeitraum von 40 Tagen bedeutsam ist (die 40-tägige Fastenzeit ohne die fastenfreien Sonntage von Aschermittwoch bis Ostersonntag, sowie die 40 Tage von Ostersonntag bis Christi Himmelfahrt), so ist auch die Weihnachtszeit (insbesondere die zwölf heiligen Nächte) von einem Zeitraum von jeweils 40 Tagen umfasst.

Vom 27. November, dem frühesten Termin für den ersten Adventsonntag, bis zum 6. Januar, dem Epiphanie- bzw. Drei-Königs-Fest sind es 40 Tage, ebenso wie vom 25. Dezember, dem ersten Weihnachtsfeiertag, bis zum 2. Februar, dem Fest „Mariä Lichtmess", das heute von der Kirche Fest der „Darstellung des Herrn" genannt wird. (Vgl. Hoerner 1991, S. 239)

Weihnachten und Ostern sind die beiden bedeutendsten christlichen Hochfeste, die mit den Archetypen Geburt, Tod und Wiedergeburt bzw. Auferstehung in Verbindung stehen. Die dazu gehörenden Riten waren ursprünglich Initiationsriten in die numinosen Erfahrungen dieser archetypischen Wirklichkeiten.

Die 40 Tage vor Ostern sind als Fasten- und Vorbereitungszeit bekannt. In den 40 Tagen vor Weihnachten wurde noch bis 1918 in der katholischen Kirche das Adventfasten begangen, das heute wieder neu aufgegriffen wird.

In den alten Traditionen ging es darum, ritualfähig zu werden.

Erich Neumann schreibt dazu: „Die Ritualfähigkeit des Einzelnen wird dabei durch vorbereitende Maßnahmen garantiert", wie z.B. Reinigungs- und Fastenrituale. „Der Ritus ist die Bemühung, den Einzelnen und die Gruppe diesem Numinosen gegenüber kontaktfähig zu halten." (Neumann 1951/1978, S. 18)

Beispiele für die 40 Tage in der Bibel sind: Jesus, der 40 Tage in der Wüste verbrachte, Moses, der 40 Tage auf dem Berg weilte sowie die 40 Tage der Sintflut.

Aus kosmischer Sicht wird die Vierzig auch als Zusammensetzung aus den 28 Mondstationen und den zwölf Tierkreiszeichen gesehen. (Vgl. Enders/Schimmel 1984, S. 260)

Daraus ergeben sich für den Weihnachtsfestkreis:

Die 28 Tage des Advent (vom 27.11. bis 24.12.), die mit ihren vier Wochen bzw. vier Adventsonntagen den vier Elementen (Erde, Wasser, Feuer und Luft) und deren Reinigung zugeordnet sind und symbolisch in den vier Kerzen des Adventkranzes zum Ausdruck kommen.

Die zwölf heiligen Nächte (zwischen 25.12. und 6.1.), in denen wir mit den Zeitqualitäten der zwölf Tierkreiszeichen dreimal die vier Elemente durchlaufen.

Weitere 28 Tage (vier Elemente mal sieben Tage - vom 6.1. bis 2.2. = „Lichtmess") als Zeit der Durchlichtung und Verklärung der vier Elemente durch das „neu geborene" und aufsteigende Licht, das auch astronomisch ab „Lichtmess" in eine zunehmende Verlängerung der Tage übergeht.

Bei allen drei Zeiträumen von 40, 28 und 12 Tagen, die das Zehn-, Sieben- und Dreifache der vier Elemente enthalten, geht es nicht nur um einen geistigen Prozess, sondern um eine Wandlung bis ins Leibliche bzw. Elementare hinein.

Parallelen dazu finden wir in alchemistischen Prozessen, in denen das geistig-seelische Geschehen in leiblich-stofflich-elementaren Manifestationen zum Ausdruck kommt.

Die zwölf Tierkreiszeichen, die uns in den zwölf heiligen Nächten begegnen, sind eine archetypische Grundstruktur, die eine Wandlung zur Ganzheit evozieren möchte, die die Zahl Zwölf schon in sich trägt.

Diese Ganzheit finden wir im biblischen Bezug unter anderem in den zwölf Stämmen Israels und in den zwölf Aposteln, deren Namen im letzten Buch der Bibel, der Offenbarung des Johannes, im himmlischen Jerusalem mit den zwölf Grundsteinen, den zwölf Toren, den zwölf Engeln und den zwölf Edelsteinen wieder erscheinen. (Offb. 21,12-21)

Die zwölf Apostel werden, so wie in der Darstellung des letzten Abendmahls von Leonardo da Vinci, den zwölf Tierkreiszeichen zugeordnet. Eine ausführliche Beschreibung ist im nächsten Kapitel zu finden.

Die Bedeutung der astrologischen Symbolik und das Erfahrungswissen des Tierkreises hat C. G. Jung schon in seinem Brief an Sigmund Freud vom 12. Juni 1911 hervorgehoben:

„Ich muss sagen, dass in der Astrologie eines Tages sehr wohl ein gutes Stück Wissens von Ahnungswegen, das an den Himmel geraten ist, entdeckt werden könnte. Es scheint z.B., dass die Tierkreiszeichen Charakterbilder sind, d.h. Libidosymbole, welche die jeweiligen typischen Libidoeigenschaften schildern." (Jung 1972/73, Band 1, S. 45)

In den zwölf heiligen Nächten können wir die psychische Energie dieser Libidosymbole vom Widder bis zu den Fischen auch in unseren Träumen beobachten. Früher wurde zusätzlich angenommen, dass sich von den Träumen in den zwölf heiligen Nächten ein Bezug zu den zwölf Monaten des neuen Jahres herstellen lässt bzw. zu jener Zeitspanne, in der die Sonne das der jeweiligen Nacht zugeordnete Tierkreiszeichen durchläuft.

Zusammenfassend gebe ich hier einen Überblick über die archetypischen Zuordnungen zu den zwölf heiligen Nächten:

Nacht	Symbol	Zeichen	Element	Röm. - griech. Mythen-Gestalt	Archetypisches Thema	Leibbezug
1.	♈	Widder	Feuer	Mars/Ares	Held, Kampf, Durchsetzung	Kopf, Muskeln, Blut, Biss
2.	♉	Stier	Erde	Erd-Venus/Aphrodite	Erd-Archetyp, Natur, Haus	Hals, Nacken, Stimmbänder
3.	♊	Zwilling	Luft	Luft-Merkur/Hermes	Gegensatzprinzip, Mittler, Polarität	Arme, Hände, Atem, Lungen
4.	♋	Krebs	Wasser	Mond/Luna/Selene	Mutter- und Kind-Archetyp, Spiegel	Brust, Magen, Gebärmutter
5.	♌	Löwe	Feuer	Sonne/Sol/Helios	König, Zentrum, Mittelpunkt	Herz, Kreislauf, Wirbelsäule
6.	♍	Jungfrau	Erde	Erd-Merkur/Hermes	Maria, Ernte, Kornsymbolik	Darm, Verdauung
7.	♎	Waage	Luft	Luft-Venus/Aphrodite	Hl. Hochzeit, Kunst, Gerechtigkeit	Nieren, Haut, Hüften, Blase
8.	♏	Skorpion	Wasser	Pluto/Hades	Unterwelt, Tabu, Schatten, Magie	Geschlecht, Beckenboden
9.	♐	Schütze	Feuer	Jupiter/Zeus	Expansion, Sinn, Priester, Kentaur	Oberschenkel, Leber, Galle
10.	♑	Stein-bock	Erde	Saturn/Kronos	Grenze, Zeit, Hüter der Schwelle	Knie, Knochen, Milz
11.	♒	Wasser-mann	Luft	Uranus/Uranos/Kairos	Erneuerung, Narr, Sprung, Himmel	Unterschenkel, Sprunggelenke
12.	♓	Fische	Wasser	Neptun/Poseidon	Synthese, Mystik, Einheitswirklichkeit	Füße, Knöchel

In der Mitte der zwölf heiligen Nächte, an Silvester um Mitternacht, beginnt der Januar, den die alten Römer von Gott Janus ableiteten, dem Gott der Türen und Schwellen. Der Hüter der Schwelle war Saturn, der als Regent des Tierkreiszeichens Steinbock gesehen wird, das die Sonne während dieser Zeit durchläuft. Er lässt uns nur weiterziehen, wenn wir uns auch unseren, im alten Jahr verdrängten, dunklen Schatten-Seiten stellen.

Erich Neumann schreibt in der „Ursprungsgeschichte des Bewusstseins“: „In der psychologischen Entwicklung ist im Schatten das Selbst verborgen, er ist der »Torhüter«, der Hüter der Schwelle. Der Weg zum Selbst geht nur über ihn. Hinter dem dunklen Aspekt, den er repräsentiert, steht der der Ganzheit, und nur die Freundschaft mit dem Schatten führt auch zur Freundschaft mit dem Selbst.“ (Neumann 1949/2004, S. 360)

So wie in der Mitte der zwölf heiligen Nächte sind wir oft in der Lebensmitte in Form der „Mid-Life-Krisis“ herausgefordert, uns unserem Schatten zu stellen. So wie der Gott Janus janusköpfig mit einem Gesicht zurück in das alte und mit dem anderen nach vorne in das neue Jahr schaut, geht es jetzt darum, nicht nur innezuhalten und nach hinten und vorne zu schauen, sondern alle nur scheinbar schwer zu vereinigenden Gegensätze in uns im Sinne einer „Coniunctio oppositorum“ in Beziehung zu bringen.

So möchten uns die zwölf heiligen Nächte dazu einladen, die Ganzheit unseres Menschseins zu verwirklichen.

Zum Abschluss darf ich die letzten beiden Strophen meines Gedichtes „Nacht-Licht“anführen:

Erst wenn es dir ganz deutlich ist,
dass das was dir begegnet,
nichts andres als du selber bist,
dann bist du ganz gesegnet.

Dann öffnet sich das eine Tor,
das Tag und Nacht vereinet.
Das eine Licht tritt jetzt hervor,
das dich als Menschen meinet.

(Walch 2007, S. 210)

Das Ostermysterium
und die sieben Tage der Karwoche

Vorwort zu christlicher Spiritualität und Sternenweisheit

Dieses Kapitel stellt eine Zusammenfassung der wichtigsten Themen der Sternenweisheit dar, wie ich sie schon seit 1993 alljährlich in der Karwoche in meinem Seminar „Ostermysterium“ weitergebe.

Wie sehr christliche Spiritualität und Sternenweisheit noch bis ins 18. Jahrhundert wie selbstverständlich zusammengehörten, zeigt das Buch des Benediktiner-Priors Placidum Helbock („Cum permissu Superiorum“ – „Mit Erlaubnis des Höchsten des Benediktiner-Ordens“) über den „ZODIAKUS oder Himmlischen Tierkreis, welchen eine jede Christ liebende Seele (...) durchlaufen solle, wann sie zu dem Aufgang der christlichen Vollkommenheit gelangen will.“

Dieses Buch entdeckte ich in der Privatbibliothek des Abtes des heutigen Zisterzienser- (damals noch Benediktiner-) Klosters Mehrerau in Bregenz, als ich 1999 zur Jubiläumsausstellung des Klosters „900 Jahre Zukunft“ einen Vortrag mit dem Thema „Die kosmische Uhr“ halten durfte.

ZODIACUS
Solis Mystici Cœlestis,
Oder
Himmlischer
ThierKrayß,
Welchen
Eine jede Christliebende Seel / Geist-
lich oder Weltlichen Stands / was Dignität / oder
Professions sie auch nur imer seyn mag / als eine in dem
Gnaden-vollen Firmament der Christlichen Kirchen
sich befindende / und seinem Nächsten mit den hellen
Straalen und Liecht der Tugenden vorzuleuchten von
GOtt erschaffne Sonnen durchlauffen solle / wann sie
anderst zu dem Aufgang der Christlichen Voll-
kommenheit gelangen will.
Zusammen getragen durch
R. P. PLACIDUM Helbock /
Ord. S. Benedicti, Priorem deß Löblichen
Gottshauß Mererau bey Bregentz.
Cum permissu Superiorum.
Costantz /
In Verlag Johann Conrad Wohler /
Buchhändler in Ulm / Anno 1710.

In diesem Buch sind (auf der linken Seite des Fotos) dem Tierkreis (in ungewohnter Reihenfolge der Tierkreiszeichen) die zwölf christlichen Tugenden in lateinischer Sprache zugeordnet:

Symbol	**Zeichen**	**Tugend – lat.**	**Tugend – deutsch**
♈	Widder	Mansuetudo	Sanftmut
♉	Stier	Labor	Arbeit
♊	Zwilling	Amor Proxims	Nächstenliebe
♋	Krebs	Humilitas	Demut
♌	Löwe	Caritas	Liebe
♍	Jungfrau	Amor Mariae	Marienverehrung
♎	Waage	Peregrinatio	Pilgerschaft
♏	Skorpion	Cora Misericordia	Barmherzigkeit
♐	Schütze	Tentatio	Versuchung
♑	Steinbock	Oratio	Gebet
♒	Wassermann	Abnegatio	Verleugnung des Ego
♓	Fische	Silencium	Stille

Einführung zum Ostermysterium

Das Ostermysterium ist ein Weg der Wandlung durch die sieben archetypischen Planeten-Qualitäten und -Sphären der einzelnen Karwochentage bis zur Auferstehung am achten Tag, der über die Zeitlichkeit der Sieben hinausgeht.

Dieser Initiations-Weg durch die Karwoche ist ein Weg der Heil- und Ganzwerdung („Heilige Woche", „Semana Santa", „Holy Week"), ein Weg der Individuation (von lat. „in-dividere" = „un-teilbar", d.h. hin zu unserem einmaligen, unteilbaren Wesenskern).

Die besondere kosmische Zeitqualität der Karwoche besteht darin, dass sie in die Woche des ersten Frühlingsvollmonds fällt und dieser das Licht der nach der Frühlingstags-und-Nacht-Gleiche „auferstandenen" Sonne widerspiegelt. Alle Planeten werden in der Karwoche vom Licht der „wiedergeborenen" Frühlingssonne bestrahlt und dadurch zu neuem Leben erweckt.

Der Individuationsprozess der Karwoche umfasst das tiefste Wandlungsgeschehen unseres eigenen, uns aufgegebenen Lebens-Weges: von der Sonne des Palmsonntags, die dem Ich entspricht, hin zur „Auferstehungs-Sonne" des Ostersonntags, die dem Selbst entspricht (= auferstandener Christus).

Der Wandlungsweg führt vom Welt-Ich, das als irdischer König über den Körper („Bruder Esel"-Franziskus) und die materielle Welt mit dem Einzug in das irdische Jerusalem Herrschaft, Macht und Kontrolle erlangen möchte, zur Erfahrung unserer über-raum-zeitlichen, unbedingten Wesensnatur, zum Auferstehungs-Leib des Ostersonntags, zum himmlischen Jerusalem und zum König, dessen „Reich nicht von dieser Welt ist" (Joh. 18,36 – Jesus im Verhör durch Pilatus).

Die Karwoche und die „Ursprungsgeschichte des Bewusstseins“

Die einzelnen Tage der Karwoche können wir auch in Beziehung bringen zu den mythologischen Stadien der Bewusstseinsentwicklung, wie sie Erich Neumann in seinem Hauptwerk „Ursprungsgeschichte des Bewusstseins“ (Neumann 1949) beschrieben hat:

Der Palmsonntag entspricht dem Schöpfungsmythos, dem „Sonnenaufgang des Ich“ und dem Kapitel „Die Geburt des Helden“. (Neumann 1949/2004, S. 139)

Am Montag der Karwoche finden wir den ersten Teil des Heldenmythos (und des Drachenkampfes) mit der Überwindung des negativen Mutterarchetyps (Mutterdrache) mit der Verfluchung des Feigenbaums gemäß dem Kapitel „Die Muttertötung“. (Neumann 1949/2004, S. 159)

Am Dienstag der Karwoche zeigt sich der zweite Teil des Heldenmythos (und des Drachenkampfes) mit der Überwindung des negativen Vaterarchetyps (Vaterdrache) mit den Wehe-Rufen gegen die Schriftgelehrten und die Pharisäer als Vertreter der alten Ethik (Neumann 1949a) gemäß dem Kapitel „Die Vatertötung“. (Neumann 1949/2004, S. 179)

Ab Mittwoch der Karwoche treten wir in die Erfahrung des Wandlungsmythos ein, indem sich das Geschehen nach innen wendet: in der Begegnung zwischen Judas dem Schatten-Bruder als dem unerlösten Zwilling-Merkur-Prinzip und Maria Magdalena als gewandelter Anima-Gestalt, die den Schatten integriert hat (Kapitel „Die Befreiung der Gefangenen“, Neumann 1949/2004, S. 203) sowie dem Thema der Salbung (= Sakrament = erlöstes Jungfrau-Merkur-Prinzip). (Mk.14,1-11)

Am Donnerstag der Karwoche finden wir einen weiteren Aspekt des Wandlungsmythos mit dem Einsetzen des Ritus des Abendmahls (Messwandlung):

„Jene Individuen, die über den kollektiv-archetypischen Kultur-Kanon hinausgehen, bezeichnet Erich Neumann als die »großen Einzelnen«, die als Kulturbringer das kollektive Bewusstsein zu weiterer Wandlung herausfordern.“ (Walch 2010. S. 47)

Ein wesentlicher Aspekt des Wandlungsmythos zeigt sich auch in der Hingabe des Ich an das Selbst: „Das Ich wird jetzt zum bewussten und freiwilligen Instrument der Selbst-Offenbarung, gemäß dem Christus-Wort: »Nicht mein, sondern dein Wille geschehe« (Lk. 22,42).“ (Walch 2010, S. 67)

Dieser Ausspruch im Garten Getsemani in der Nacht vom Gründonnerstag auf den Karfreitag bildet den Übergang in die weiteren Kapitel des Wandlungsmythos bis zum Ostersonntag (Kapitel „Die Wandlung oder Osiris“, Neumann 1949/2004, S. 229): „Durch diese Zentrumsverschiebung vom Ich zum Selbst, der inneren kopernikanischen Wende, erfährt sich die Persönlichkeit nicht mehr identisch mit dem Ich und dessen Vergänglichkeit, sondern kann sich mit dem unvergänglichen Selbst verbinden. (…)

Dieses Geschehen wird im Individuationsprozess vom modernen Menschen nachvollzogen und zeigt sich sowohl im Osiris-Mythos (in der Verbindung von Horus und Osiris, die der Verbindung von Ich und Selbst entsprechen), im ägyptischen Königsritual (in der Identifizierung des Pharao mit Osiris) und im Tibetischen Totenbuch (in der Verbindung des Sterbenden mit Buddha Amitabha, dem Buddha des unermesslichen Lichtglanzes) als auch im Christus-Wort »Ich und der Vater sind eins« (Joh. 10,30).“ (Walch 2010, S. 69)

Die sieben Tage der Ur-Woche der Genesis als Grundlage für die Karwochen-Tage

Fresko (1375-78) von Giusto de Menabuoi in der Taufkapelle (Baptisterium) der Kathedrale von Padua.

Zur obigen Abbildung: Begleitet von sieben Engeln (gemäß den sieben Schöpfungstagen) und den beiden weißen (Zwillings-)Engeln, als Symbole für den Übergang aus der Einheitswirklichkeit in die polare Welt, bringt eine segnende Schöpfergestalt aus der goldenen Sphäre (= Selbst-Feld) durch die Tierkreis- und die Planeten-Sphäre (= archetypisches Feld) hindurch die Welt (= Bewusstseins-Feld) hervor.

Die sieben archetypischen Planeten-Qualitäten der Ur-Woche finden wir schon in den Namen der einzelnen Wochentage:

Die Zuordnungen zu Sonne und Mond in „Sonntag“ und „Montag“ kommen in der deutschen Sprache am deutlichsten zum Ausdruck.

Die weiteren Entsprechungen von Planeten und Wochentagen treten vor allem in den romanischen Sprachen zutage, deren Wochentags-Namen aus den römischen Wochentagen entstanden sind:

Der Dienstag, franz. „mardi“, ist der Mars-Tag; der Mittwoch, franz. „mercredi“, der Merkur-Tag; der Donnerstag, franz. „jeudi“, ist der Jupiter-Tag. Der Freitag kommt von der germanischen „Freia“, die der römischen Venus zugeordnet wird bzw. von franz. „vendredi“, Venus-Tag. Den Samstag finden wir noch im Englischen mit „saturday“ als Saturn-Tag.

Zur obigen Abbildung: In der astronomischen Uhr am Rathaus von Heilbronn finden wir nicht nur die Zuordnungen der Monate zu den Tierkreis-Darstellungen, sondern auch der Wochentage zu den römisch-lateinischen Planeten-Namen und Mythengestalten.

Diese sieben archetypischen Planeten-Qualitäten der Ur-Woche begegnen uns als erstes im biblischen Schöpfungsmythos (Genesis 1,3 - 2,4a).

Eine der schönsten Darstellungen finden wir im byzantinischen Goldmosaik der Genesiskuppel in der Vorhalle beim Haupteingang zur Basilika di San Marco (Markusdom) in Venedig: Schauen wir uns die Mosaiken zu den einzelnen Genesis-Tagen genauer an.

Die Zahl der dargestellten Engel (Boten, Angelos, Archetypen), die zusammen mit der göttlichen Schöpfergestalt (Selbst) dargestellt sind, entspricht der Zahl des jeweiligen Genesis-Tages.

Die Schöpfungsgeschichte wird vom innersten Abbildungskreis beginnend gegen den Uhrzeigersinn (rechtsläufig) erzählt.

Ausgehend vom Bild der weißen Taube der schöpferischen Sophia-Geistin (vgl. Matthews 1993, S. 65/66), die über dem Ur-Wasser schwebt (Gen. 1,2), tritt der erste Tag, der Sonn-Tag der Genesis mit den Worten: „Es werde Licht“ (Gen. 1,3) mit der Erschaffung des Ur-Lichtes, der archetypischen Sonne, hervor, indem von der Schöpfergestalt zusammen mit einem Engel das Licht von der Finsternis geschieden wird.

Am zweiten Tag, am Mond-Tag der Genesis, begleitet von zwei Engeln, erscheint das Mond-Thema (als Regent des Wasser-Zeichens Krebs ♋): „Ein Gewölbe entstehe mitten im Wasser und scheide Wasser vom Wasser“ (Gen. 1,6).

Am dritten Tag, am Mars-Tag, dem Dienstag der Genesis, kommt in Begleitung von drei Engeln die Mars-Qualität hervor: „Trockenes Land, junges Grün, Samen und Früchte“ (Gen. 1,10-11).

Am vierten Tag, am Mittwoch der Genesis, am Merkur-Tag, werden zusammen mit vier Engeln Sonne, Mond und Sterne erschaffen und somit auch die polaren Merkur-Themen von Sonne und Mond, Tag und Nacht sowie die Unterscheidung verschiedener Zeiten: „Lichter am Himmelsgewölbe, um Tag und Nacht zu scheiden, Zeichen zur Bestimmung von Festzeiten“ (Gen. 1,14).

Am fünften Tag, am Jupiter-Tag, dem Donnerstag der Genesis mit den fünf Engeln, heißt es: „Das Wasser wimmle von lebendigen Wesen (♓ Fische-Jupiter) und Vögel sollen am Himmelsgewölbe dahinfliegen (♐ Schütze-Jupiter), … und vermehret euch“(Jupiter)(Gen. 1,20-22).

Am sechsten Tag, am Freitag der Genesis, am Venus-Tag, werden am Morgen „Vieh, Kriechtiere und Tiere des Feldes“ (Gen. 1,24) erschaffen (gemäß der Erd-Venus des Frühlings-Zeichens Stier ♉ = Venus als Morgenstern).

Zusammen mit sechs Engeln am Abend (gemäß der Luft-Venus des Herbst-Zeichens Waage ♎ = Venus als Abendstern) werden die Menschen als göttliches Ebenbild erschaffen: „Lasset uns Menschen machen als unser Abbild, uns ähnlich … als Mann und Frau schuf er sie“ (Gen. 1,26-27).

Das Du- und Begegnungs-Zeichen Waage weist auf die besondere Möglichkeit der Begegnung zwischen dem Menschen und der Transzendenz hin, tiefenpsychologisch auf die Ich-Selbst-Begegnung. (Zum Begriff der Ich-Selbst-Achse siehe: Walch 2010, S. 160).

Am siebten Tag, am Samstag der Genesis, am Saturn-Tag mit sieben Engeln (die Zahl sieben entspricht Saturn) heißt es: „Am siebten Tag vollendete Gott das Werk, das er geschaffen hatte und er ruhte am siebten Tag, nachdem er sein ganzes Werk vollbracht hat“ (Gen. 2,2-3).

Weitere Entsprechungen zu den sieben Planeten-Tagen der Ur-Woche der Genesis finden wir in den biblischen Gestalten (Weinreb 1982) und in den sieben Früchten im fünften Buch Mose: „ein Land mit Weizen und Gerste, mit Weinstock, Feigenbaum und Granatbaum, ein Land mit Ölbaum und Honig“ (Dtn. 8,8):

1. Sonn-Tag	☉	Abraham	Weizen
2. Mond-Tag	☽	Isaak	Gerste
3. Dienstag (Mars-Tag)	♂	Jakob	Weintraube
4. Mittwoch (Merkur-Tag)	☿	Mose	Feige
5. Donnerstag (Jupiter-Tag)	♃	Aaron	Granatapfel
6. Freitag (Venus-Tag)	♀	Joseph	Olive
7. Samstag (Saturn-Tag)	♄	David	Dattel(-Honig)

Die Sternenweisheit der Karwochen-Tage gemäß den sieben Planeten-Archetypen

Die archetypischen Planeten-Qualitäten können wir nun mit den Ereignissen der Karwoche in Beziehung bringen. Am deutlichsten finden wir diese Abfolge im Markus-Evangelium, denn der Evangelist Markus war als Dolmetscher des Apostels Paulus in Rom tätig und daher mit den lateinisch-römischen Begriffen und Vorstellungen vertraut. (Vgl. Bittlinger 1995, S. 134)

Der Weg vom Palmsonntag bis zum Gründonnerstag

Die Sonnen-Qualität des Palm-Sonntags kommt nicht nur in der Palme als Sonnen-Baum, sondern vor allem im Wunsch des unter der römischen Besatzungsmacht leidenden Volkes nach einem eigenen König (= Sonne = Löwe) zum Ausdruck.

So wird Jesus beim Einzug ins irdische Jerusalem aus der Sehnsucht des Volkes nach eigenständiger Macht (= Sonne = Löwe) hochgejubelt mit „Hosanna in der Höhe“ (Mk. 11,10). Hosanna wurde damals den weltlichen Herrschern beim Einzug in ihre Stadt zugejubelt. Jedoch kommt der, der hier einzieht, nicht in Pomp und Glorie, sondern auf einem Esel reitend als Ausdruck von Demut (= Dien-Mut, dem Mut, der inneren Stimme des Selbst zu dienen) und als König, dem es um das himmlische Jerusalem, um das Himmelreich in uns geht, das „nicht von dieser Welt ist“ (Joh. 18,36).

Jerusalem, das sich aus hebräisch „Jeru“ (= das Erscheinen Gottes) und „Salem“ = „Shalom“ (Frieden, Ganzheit) zusammensetzt, meint das Erscheinen Gottes, wenn wir zum inneren Frieden, zur Ganzheit gelangt sind, in der die Gegensätze in uns befriedet sind. „Frieden hinterlasse ich euch, meinen Frieden gebe ich euch; nicht einen Frieden, wie die Welt ihn gibt, gebe ich euch.“ (Joh. 14,27)

In Jerusalem geht er zuerst hinein in den Tempel (vgl. Mk. 11,11). Der Tempel ist Abbild der Wohnung der heiligen Geistin (Sophia bzw. Schechina) in uns: „Wisst ihr nicht, dass euer Leib der Tempel des Heiligen Geistes ist, der in euch wohnt, den ihr von Gott habt? Verherrlicht also Gott in eurem Leib!“ (1.Kor. 6,19-20)

Am Mond-Tag der Karwoche kommt es zu einem Geschehen, das uns nur schwer verständlich erscheint, nämlich zur Verfluchung des Feigenbaums (Mk. 11,12-14) sowie zur Tempelreinigung (Mk. 11,15-19).

An diesem Mond-Tag, dem zweiten Tag der Karwoche, begegnet uns mit der Zahl zwei die Polarität zum Palm-Sonn-Tag:

Die Gegenpole von Sonne und Mond, Tag und Nacht, Bewusstsein und Unbewusstes, Licht und Schatten, Palmblätter und Feigenblätter, Sonnenbaum und Mondbaum, Baum der Einheit und Baum der Polarität, Baum des Lebens und Baum der Erkenntnis von Gut und Böse (Gen. 2,9) sowie die Besichtigung des Tempels und die Tempelreinigung.

Jesus sucht am Feigenbaum nach Früchten, findet aber „nichts als Blätter“ (Mk. 11,13).

So wie Adam und Eva ihre Nacktheit mit Feigenblättern vom Mond-und Schatten-Baum der Erkenntnis von Gut und Böse (Gen. 3,7) bedeckten, so stehen die Feigenblätter am Montag für die Lippenbekenntnisse des Volkes, das Jesus noch am Tag zuvor mit Palmblättern zugejubelt hat. Jedoch „an ihren Früchten werdet ihr sie erkennen“ (Mt. 7,16).

So verflucht er diesen falschen Schein, der keine Früchte trägt.

Auch der Mond leiht sich sein Licht nur von der Sonne, deren Licht er widerspiegelt. So auch leiht sich das selbstherrliche Ich in seiner Hybris das Licht des Selbst.

Nach der Besichtigung des Tempels am Palm-Sonn-Tag kommt es am Mond-Tag der Karwoche zur Tempelreinigung: „Jesus ging in den Tempel und begann, die Händler und Käufer aus dem Tempel hinauszutreiben; er stieß die Tische der Geldwechsler und die Stände der Taubenhändler um.“ (Mk. 11,15)

„Heißt es nicht in der Schrift: Mein Haus soll ein Haus des Gebetes für alle Völker sein? Ihr aber habt daraus eine Räuberhöhle gemacht.“ (Mk. 11,17)

Hier werden uns die Gegenpole von Gebet und Geschäft vor Augen geführt, von Sein und Schein, auch in Form von Geld-Scheinen.

Gleichzeitig deckt Jesus den faulen Kompromiss der Hebräer auf, die die römischen Händler und Geldwechsler im Vorhof und in der Vorhalle des Tempels zulassen, weil sie fürchten, die Römer könnten ihnen den Zugang zum Tempel verwehren.

Am Dienstag, dem Mars-Tag der Karwoche zeigt sich Jesus in seiner Mars-Qualität von seiner kämpferischen Seite, wie wir ihn schon von seinem Ausspruch kennen: „Denkt nicht, ich sei gekommen, um Frieden zu bringen, sondern das Schwert“ (Mt. 10,34). Er wendet sich hier gegen „einen Frieden, der der Konflikthaftigkeit unseres menschlichen Daseins aus dem Wege gehen möchte.“ (Walch 2007, S. 168).

An diesem Mars-Tag wendet er sich mit den neun Wehe-Rufen (Mt. 23,1-39) als Gegenpol zu den neun Seligpreisungen der Bergpredigt (Mt. 5,3-12) gegen die Schriftgelehrten und die Pharisäer, die jeweils mit den Worten beginnen: „Weh euch, ihr Schriftgelehrten und Pharisäer, ihr Heuchler!“

Er ruft „Ihr Nattern, ihr Schlangenbrut! Wie wollt ihr dem Strafgericht der Hölle entrinnen?“ (Mt. 23,33)

Somit wird am Mars-Tag auch ein Skorpion-Thema angesprochen.

Mars ist nicht nur der Regent des Tierkreiszeichens Widder, er ist neben Pluto auch Regent des Tierkreiszeichens Skorpion.

Im Markus-Evangelium heißt es dazu:

„Nehmt euch in Acht vor den Schriftgelehrten! Sie bringen die Witwen um ihre Häuser und verrichten in ihrer Scheinheiligkeit lange Gebete. Aber umso härter wird das Urteil sein, das sie erwartet.“ (Mk. 12,38+40)

Am Mittwoch der Karwoche begegnet uns mit der Salbung in Bethanien (Mk. 14,1-11) die archetypische Planeten-Qualität des Merkur in zwei Aspekten:

- als unerlöster Teil des Zwilling-Luft-Merkur-Prinzips in der Gestalt des Judas als Schatten-Bruder;
- als erlöster Teil des Jungfrau-Erd-Merkur-Prinzips in der Gestalt von Maria Magdalena als der gewandelten Anima, die ihren Schatten integriert hat.

Maria Magdalena salbt Jesus mit kostbarem Nardenöl und bekommt in der Folge von Judas heftige Vorwürfe:

„Man hätte das Öl um mehr als dreihundert Denare verkaufen und das Geld den Armen geben können.“ (Mk. 14,5)

Jesus nimmt sie in Schutz mit den Worten:

„Hört auf! Warum lasst ihr sie nicht in Ruhe? Sie hat ein gutes Werk an mir getan. Denn die Armen habt ihr immer bei euch und ihr könnt ihnen Gutes tun, so oft ihr wollt; mich aber habt ihr nicht immer. Sie hat getan, was sie konnte. Sie hat im Voraus meinen Leib für das Begräbnis gesalbt. Amen, ich sage euch: Überall auf der Welt, wo das Evangelium verkündet wird, wird man sich an sie erinnern und erzählen, was sie getan hat.“ (Mk. 14,6-9)

Hier treffen soziales und sakramentales Handeln aufeinander. Judas kritisiert die Salbung mit einem sozialen Vorwand und versteht das echte Ritual, das immer eine Mittlerfunktion (= Merkur = Hermes = Vermittler) zwischen der sichtbaren und der unsichtbaren Welt einnimmt, nicht.

Das Ritual und das Sakrament stellen „heilige Handlungen" dar, die die extremen Gegenpole von Weltsucht (Haften am Materiellen = materialistische Gefahr) und Weltflucht (Ablehnung alles Materiellen = gnostische Gefahr) heilsam integrieren, indem sie alles Materielle in seiner symbolisch-archetypischen Wirklichkeit sehen und gestalten.

Indem sich der Mensch auf diese Wirklichkeit einlässt, tritt er in ein „symbolisches Leben" ein, wodurch das ganze Leben zum Ritus wird. (Neumann 1949b/1978, S. 140)

Jesus bestätigt, dass Maria Magdalena ihn durch das Sakrament der Salbung für seine Beerdigung gesalbt hat. Sie wird auch am Ostersonntag die Erste sein, die dem Auferstandenen begegnet.

Maria Magdalena ist es, die Jesus durch diesen sakramentalen Ritus der Salbung zum Gesalbten macht, zum „Christus" (lat.), zum „Messias" (heb.), die beide mit „Gesalbter" übersetzt werden.

Am Gründonnerstag, dem Jupiter-Tag der Karwoche werden von Christus zwei Sakramente gestiftet: das Abendmahl (Mk. 14,12-25), in dem er als Priester erscheint (das Priesterliche entspricht dem Jupiter als Regent des Zeichens Schütze ♐) und die Fußwaschung (Joh. 13,1-20): die Füße entsprechen dem Zeichen der Fische ♓, dessen Regent neben Neptun auch Jupiter ist.

Der Fische-Jupiter kommt auch zum Ausdruck in den Worten: „Wer der Erste sein will, soll der Letzte von allen und der Diener aller sein." (Mk. 9,35)

Das Zeichen der Fische ist das zwölfte und letzte im Tierkreis.

ICHTYS, das griechische Wort für „Fisch", war ein Geheimzeichen der frühen, noch verfolgten Christen. Es setzt sich aus den Anfangsbuchstaben der griechischen Wörter „Iesous Christos Theou Yios Soter" („Jesus, Christus, Gottes Sohn, Retter") zusammen.

Das Welt-Zeitalter der Fische (ca. 160 v. Chr. - 2000 n. Chr.) wurde durch das Christentum geprägt. (Vgl. Rosenberg 1958)

„Jehoschua", aus dem der Name Jesus entstand, ist der „Sohn vom Fisch", der dem hebräischen Buchstaben Nun und der Zahl 50 entspricht (vgl. Weinreb 1979, S. 111).

Er führt uns durch die sieben Mal sieben (= 49) Tore der Zeitlichkeit zum achten Tag der Auferstehung und Ewigkeit (Ostersonntag), die sich am 50. Tag nach Ostern (der 50. = griechisch „Pentekoste" = Pfingsten) durch die Geist-Aussendung erfüllt.

Jupiter heißt hebräisch „zedek" (Weinreb 1982, S. 53), was mit „der Gerechte" übersetzt wird, von dem das Wort Zaddik abgeleitet wird.

In der mystischen Tradition des Chassidismus wurde ein Zaddik als ein Vermittler zwischen Gott und den Menschen betrachtet. Christus tritt hier als Zaddik auf, das von „zade“ (= Angelhaken), mit dem man Fische (♓) fängt, abgeleitet wird: „Ich werde euch zu Menschenfischern machen.“ (Mt. 4,19)

„Der Fischer holt den Menschen aus der Gefangenschaft der Zeit und zeigt ihm eine neue Welt.“ (Weinreb 1982, S. 51)

„Der Zaddik findet das seit der Geburt Verlorene und bringt es den Menschen wieder zurück.“ (Rabbi Nachman zitiert in: Neumann 1949/2004, S. 35)

„Das Bild des Ur-Zaddik und seiner Äste ist dasselbe wie das des Weinstocks mit den Trauben, das in der Frühzeit des Christentums erschien, wo Christus der Weinstock und die Jünger die Trauben sind. (…) In jedem Zaddik gibt es eine Offenbarung des Messias.“ (Neumann 2019)

Schon Melchisedek (hebräisch „König der Gerechtigkeit“) war 2000 Jahre vor Christus der erste in der hebräischen Überlieferung (Tanach) erwähnte Priester, der für sein Opfer Brot und Wein verwendete, nicht Fleisch von Opfertieren, wie die späteren Priester des ersten Testaments: „Melchisedek, der König von Salem, brachte Brot und Wein heraus. Er war Priester des Höchsten Gottes. Er segnete Abraham und sagte: Gesegnet sei Abraham vom Höchsten Gott, dem Schöpfer des Himmels und der Erde.“ (Gen. 14,18-19)

Zur Einsetzung des priesterlichen Königs auf dem Zion finden wir im Psalm 110,4 die Zusage: „Du bist Priester auf ewig nach der Ordnung Melchisedeks.“

Auf dem Berg Zion, wo früher das Heiligtum Melchisedeks gestanden haben soll, stand auch das Ordenshaus der Essener, in dem nach apokryphen Schriften (Schriftrollen von Qumran) das Abendmahl stattgefunden haben soll.

Der priesterliche Ritus (Schütze-Jupiter) des Abendmahls weist auf eine Vermählung zwischen Himmel und Erde hin, die sich letztendlich so erfüllt, wie sie Johannes in der Offenbarung beschreibt: „Dann sah ich einen neuen Himmel und eine neue Erde; denn der erste Himmel und die erste Erde sind vergangen, auch das Meer ist nicht mehr. Ich sah die heilige Stadt, das neue Jerusalem, von Gott her aus dem Himmel herabkommen; sie war bereit wie eine Braut.“ (Offb. 21,1-2)

So wandelt Christus im Abendmahl mit seinen zwölf Jüngern Brot und Wein in seinen Leib und sein Blut: „Während des Mahls nahm er das Brot und sprach den Lobpreis; dann brach er das Brot, reichte es ihnen und sagte: Nehmt, das ist mein Leib. Dann nahm er den Kelch, sprach das Dankgebet, reichte ihn den Jüngern und sie tranken alle daraus. Und er sagte zu ihnen:

Das ist mein Blut, das Blut des Bundes, das für viele vergossen wird." (Mk. 14,22-24)

In der Gralslegende wird der Gral mit dem Abendmahlskelch in Beziehung gebracht.

Die Sophia erscheint dabei in der Symbolik des Geistwandlungsgefäßes: „In ihrer höchsten Entwicklungsform, der der Sophia, nimmt die Symbolik des Gefäßes, die Zentralsymbolik des Weiblichen von der frühesten bis zur spätesten Stufe, die Gestalt des Geistwandlungsgefäßes an, in das die Ich-Geist-Bewusstseins-Seite eintaucht, um verwandelt und bereichert mit den schöpferischen Kräften des Unbewussten wieder daraus hervorzugehen. Diesen Geistwandlungscharakter des Großen Weiblichen finden wir auch in der Symbolik des Taufbeckens und des Abendmahlskelches, mythologisch im Gral, wieder." (Walch 2010, S. 60)

Für Christus und seine Jünger war das Abendmahl ein Pessach-Mahl, das an den Auszug aus der Knechtschaft in Ägypten erinnert, wobei der Zahlenwert der hebräischen Buchstaben des Wortes „pesach" (= 148 = 80-60-8) die Summe der Zahlenwerte der Buchstaben der Worte für Brot, hebräisch „lechem" (= 78 = 30-8-40) und Wein, hebräisch „jajin" (= 70 = 10-10-50) ergibt. (Vgl. Weinreb 1988, S. 225 ff.)

Das Brot enthält an sich schon das ganze symbolische Wandlungsgeschehen der Karwoche in sieben Schritten in sich, vom Säen und Keimen des Samenkorns in der Erde, über das Aufwachsen des Getreides bis hin zur Ähre, das Ernten, das Dreschen, das Mahlen, die Teigherstellung und das Backen, wie ich es in meinem Beitrag „Alchemie des Brotes - Das Mysterium der Wandlung vom Samenkorn zum Brot" (Walch 2007, S. 125) ausgeführt habe:

„So ist es kein Wunder, dass der, der sich selber als »Brot des Lebens« bezeichnet (Joh. 6,35), im Haus des Brotes, d.h. hebräisch in »Bethlehem«, zur Welt kommt. Er ist es auch, der nicht nur in vielen Gleichnissen den Wandlungsweg vom Weizenkorn bis zum Brot predigt, sondern ihn selber geht und uns alle einlädt, ihm auf diesem Weg nachzufolgen.

Und in der weiteren Erhöhung (»Elevatio«) und Wandlung des Brotes vom Stofflichen ins Geistige (Transsubstantiation) mit den Worten: »Das ist mein Leib« (Mt. 26,26), offenbart er sich als der eigentliche Begründer der Alchemie des Brotes, das er selber ist."

Am eindrücklichsten beschreibt diese Wandlung Khalil Gibran, wenn er in seinem Buch „Der Prophet" über die Liebe erzählt (und das Abendmahl ist ein Liebesmahl):

Denn so, wie die Liebe dich krönt, kreuzigt sie dich.
So wie sie dich wachsen lässt, beschneidet sie dich.
So wie sie emporsteigt zu deinen Höhen
und die zartesten Zweige liebkost, die in der Sonne zittern,
steigt sie hinab zu deinen Wurzeln
und erschüttert sie in Ihrer Erdgebundenheit.
Wie Korngarben sammelt sie dich um sich.
Sie drischt dich, um dich nackt zu machen.
Sie siebt dich, um dich von deiner Spreu zu befreien.
Sie mahlt dich, bis du weiß bist.
Sie knetet dich, bis du geschmeidig bist;
Und dann weiht sie dich ihrem heiligem Feuer,
damit du heiliges Brot wirst für Gottes heiliges Mahl.
All dies wird die Liebe mit dir machen,
damit du die Geheimnisse deines Herzens kennenlernst
und in diesem Wissen ein Teil vom Herzen des Lebens wirst.

(Gibran 1973, S. 13)

So wie im Brot finden wir im Wein den gesamten Reifungsprozess der Individuation symbolisch dargestellt:

Der Himmel ist in dir, er schmeckt wie feinster Wein,
gereift aus dunkler Erd' und hellem Sonnenschein.

Der Himmel ist in dir der Weinstock, dessen Reben
empfangen seinen Saft, um selber Saft zu geben.

(Walch 2007, S. 263)

Der Wein kann das Höchste und das Niedrigste im Menschen hervorbringen, das Heilige und den Rausch. Der Mensch kann den Wein heiligen oder vergießen. Wein vergießen wird im Hebräischen gleich gesetzt mit Blut vergießen. Blut, hebräisch „dam“ ist verwandt mit „dome“, was „gleichen“ heißt und macht den Menschen zum Gleichnis, zum Ebenbild Gottes (Gen. 1,26).

„Das Beschämen eines Menschen heißt im Hebräischen »sein Blut vergießen«. Denn man entreißt ihm dabei seine Gottesähnlichkeit.“ (Weinreb 1988, S. 230)

„Auch beim Abendmahl ist es das Blut – der Wein –, wodurch der Mensch mit allem verbunden wird und dann erst lebt." (Weinreb 1982, S. 151)

„Das ist mein Blut, das Blut des Bundes, das für viele vergossen wird." (Mk. 14,24)

Christus nimmt das beschämende Blutvergießen auf sich, damit das Neue kommen kann, Liebe und Gnade, jenseits des Gesetzes.

Die beiden Säulen am Eingangstor des Tempels in Jerusalem waren die Säule der Gnade und Gründung („Jachin"), die dem Jupiter entspricht, und die Säule des Gesetzes und der Macht („Boas"), die dem Saturn entspricht.

Im jüdischen Pessach-Fest (hebräisch „pesach" = lat. „transitus" = „Überschreiten") wurde der Übergang vom Tod zum Leben durch das Lamm-Opfer und die Bestreichung der Türpfosten mit Blut begangen, wodurch die Hebräer vom Strafgericht Gottes verschont und begnadigt wurden.

In der christlichen Feier der Karwoche wird das Pessach-Lamm „zum »Lamm Gottes«, die Mazza (= ungesäuertes Brot) wird zum Leib Jesu, das Bitterkraut zum Symbol seiner bitteren, qualvollen Passion und der Wein wird zum Blut Jesu, »das für viele vergossen wird«." (Lapide 1988, S. 47)

Das letzte Abendmahl von Leonardo da Vinci gemäß den zwölf Tierkreis-Qualitäten und Menschentypen

Die bedeutendste Darstellung des Abendmahls kennen wir von Leonardo da Vinci als Gemälde an der Nordwand des Refektoriums (Speisesaal) des Dominikanerklosters Santa Maria delle Grazie in Mailand.

Die Dramatik des Bildes erklärt sich aus der unmittelbaren Reaktion auf die Aussage Christi: „Einer von euch wird mich verraten." (Mk. 14,18)

Ein orientalisches Sprichwort dazu lautet: „Den Wert von Menschen und Diamanten erkennt man erst, wenn man sie aus der Fassung bringt", das heißt, dass durch diese Provokation Christi die zwölf Jünger ihr wahres Gesicht zeigen, das in ihren zwölf Charakter-Prägungen zum Ausdruck kommt, die den zwölf archetypischen Qualitäten des Tierkreises entsprechen.

Leonardo, der tief in die Sternenweisheit initiiert war, vermittelt uns im Bild der zwölf Apostel die zwölf Urbilder des Menschen. Die zwölf Menschentypen sind Ausdruck dafür, dass in das Heilsgeschehen dieses kosmischen Gründonnerstags-Ritus die ganze Menschheit integriert ist.

Für C. G. Jung ist der mit dem Abendmahl gestiftete Mess-Ritus „ein anthropomorphes Symbol für ein jenseits der Fassbarkeit stehendes Überweltliches." (In: „Das Wandlungssymbol in der Messe" in: Jung 1988)

„Wir feiern Eucharistie, um uns immer wieder von neuem in unsere eigene Menschwerdung einzuüben." (Grün 1990, S. 7)

In das Gemälde von Leonardo da Vinci ist nicht nur die ganze Menschheit mit einbezogen, sondern das ganze Lebensrad (= Zodiak aus Zoe = Leben und Diakos = Rad) des himmlischen Jahres-, Lebens- und Tierkreises, das sich in dieser Zwölfheit offenbart.

Betrachten wir nun dieses bedeutende Menschheits-Gemälde mit seiner bewegten Geschichte genauer, dann sehen wir, dass alles auf die Christus-Gestalt in der Mitte perspektivisch ausgerichtet ist. Christus stellt die Sonne im Zentrum des zwölfgliedrigen Tierkreises dar und strahlt sein Licht auf alle aus: „Er lässt seine Sonne aufgehen über Bösen und Guten." (Mt. 5,45)

Er ist die Sonne der großen Zeitenwende, die gemäß seiner rot-blauen Kleidung genau am Übergang zwischen dem ersten, roten, feurigen Widder-Zeitalter und dem letzten, blauen, dem Element Wasser zugeordneten Fische-Zeitalter steht, was gemäß dem platonischen Weltenjahr nur alle 25.920 Jahre vorkommt. Somit werden die zwölf Apostel nicht nur zu Vertretern des Tierkreises im Jahreslauf, sondern sie stehen darüber hinaus stellvertretend für die jeweils 2.160 Jahre dauernden Weltenmonate der zwölf Weltzeitalter.

Christus als Sonne (Selbst) strahlt in den zwölf archetypischen Qualitäten der Apostel. Sie manifestieren zwölf Aspekte bzw. Seelenanteile des Christus-Selbst.

Die Zuordnung der zwölf Apostel zu den zwölf Tierkreiszeichen (im Bild von rechts nach links angeordnet) mit Christus als Sonne in der Mitte:

Apostel	**Symbol**	**Zeichen**
Simon	♈	Widder
Thaddäus	♉	Stier
Matthäus	♊	Zwilling
Philippus	♋	Krebs
Jakobus der Ältere	♌	Löwe
Thomas	♍	Jungfrau
Johannes	♎	Waage
Judas	♏	Skorpion
Petrus	♐	Schütze
Andreas	♑	Steinbock
Jakobus der Jüngere	♒	Wassermann
Bartholomäus	♓	Fische

Auf dem Gemälde sehen wir die zwölf Apostel in vier Dreiergruppen dargestellt. Sie sind im Jahreskreis den Zeitqualitäten der vier Jahreszeiten mit den jeweils drei Tierkreiszeichen und den drei Qualitäten (kardinal, fix und beweglich) sowie den vier Quadranten zugeordnet (Details zu den drei Qualitäten und den vier Quadranten siehe im ersten Kapitel dieses Buches).

Die archetypische Zahlensymbolik der Drei und der Vier wird zusätzlich betont durch die drei Fensteröffnungen im Hintergrund und die vier Wandteppiche auf beiden Seiten des Raumes.

Die Drei und die Vier ergeben addiert gemäß den sieben klassischen Planeten die sieben Tage der Genesis und der Karwoche. Die Multiplikation der Drei mit der Vier ergibt die zwölf Apostel als zwölf Repräsentanten der Tierkreiszeichen.

Im pythagoreischen Lehrsatz ergibt die männliche Zahl Drei zum Quadrat und die weibliche Zahl Vier zum Quadrat die Fünf zum Quadrat. Die Zahl Fünf entspricht dem Selbst in der Symbolik des Kindes bzw. die „Quinta Essentia" = die fünfte Essenz, die über die vier Elemente hinausgeht. Sie gilt als Ziel der Individuation, die in der Ganzheitssymbolik des Abendmahls am fünften Tag der Karwoche erscheint.

Die zwölf Tierkreis-Archetypen der Apostel kommen auf Leonardos Gemälde in der jeweiligen Position, Physiognomie und Gestik zum Ausdruck:

Frühlingsgruppe mit Matthäus ♊, Thaddäus ♉ und Simon ♈

Die erste Dreiergruppe, die Frühlingsgruppe, beginnt mit dem ersten Zeichen des Tierkreises, mit dem Widder in der Gestalt des Simon, der mit seinem markanten Kopf ganz rechts, am Kopf des Tisches sitzt, so wie der Kopf dem Widder zugeordnet wird.

An zweiter Stelle finden wir das fixe Zeichen Stier als Thaddäus mit dem breiten Hals und „Stier-Nacken" sowie mit Kleidung in hellbrauner Farbe, dem Erdzeichen Stier entsprechend.

Als Dritten in der Frühlingsgruppe sehen wir Matthäus als bewegliches Tierkreiszeichen der Zwillinge, der zwillingshaft den Kopf zur einen Seite wendet und mit den ausgestreckten erhobenen Armen, die dem Zwilling zugeordnet sind, in die entgegengesetzte Richtung weist, hin auf die Sommergruppe.

Sommergruppe mit Christus ☉, Thomas ♍, Jakobus d. Ä. ♌ und Philippus ♋

Diese beginnt mit Philippus, der die Qualität des Tierkreiszeichens Krebs vertritt und seine Hände auf den Brustraum bzw. nach innen wendet, so wie die Sonne im Jahreskreis ab jetzt wieder „zurückkrebst".

Die Sonne kommt noch einmal in ihrer stärksten Strahlkraft im Hochsommer-Sonnen-Zeichen Löwe in der Gestalt von Jakobus dem Älteren zum Ausdruck, der mit seiner weit geöffneten, königlichen Gebärde sein Löwen-Herz freilegt. Als Gegenpol erscheint hinter ihm fast ängstlich versteckt mit moralisch erhobenem Zeigefinger der kritisch-ungläubige Zweifler Thomas, der dem vernunftbezogenen Jungfrau-Zeichen entspricht.

Die Hände der Christus-Gestalt in der Mitte weisen mit einem Handteller nach oben auf die Seite der Apostel, die die lichten Frühlings- und Sommerzeichen repräsentieren und mit dem anderen Handteller nach unten auf die Seite der Apostel, die den dunklen Herbst- und Winterzeichen entsprechen.

So wird Christus zur Verkörperung einer Dreiecksgestalt, die sich zwischen seinem Kopf und seinen Händen bildet, wodurch das die Polarität überwindende Dritte entsteht: eine „Coniunctio oppositorum", eine Gegensatzvereinigung von hell und dunkel, von Licht und Schatten.

Herbstgruppe mit Petrus ♐, Judas ♏, Johannes ♎ und Christus ☉

Die Herbst-Dreiergruppe beginnt mit dem Lieblingsjünger Jesu, Johannes, der durch die spiegelbildliche Anordnung zur Christus-Gestalt in seiner Haltung und seinen Kleiderfarben (rot-blau) die dem Waage-Zeichen entsprechende Ebenbildlichkeit verdeutlicht (gemäß der Waage-Venus des Venus-Tages der Genesis, an dem der Mensch nach seinem Abbild erschaffen wird – siehe oben).

Johannes wurde durch seine weibliche (Waage-Venus-)Ausstrahlung fälschlicherweise als Maria Magdalena gedeutet (z.B. im Film „The Da Vinci Code" auf der Grundlage des Buches „Sakrileg" von Dan Brown).

Seine wie zum Gebet verschränkten Hände bilden das „Zünglein an der Waage", die Balance und den Ausgleich (Waage-Thema) zwischen der rechten Hand Christi und der linken Gegenspieler-Hand von Judas.

In der jüdischen Mystik heißt es: „Das Gute und das Böse sind wie die rechte und die linke Hand Gottes“ (zitiert von Martin Buber).

Judas erscheint hier als Schatten-Bruder Christi und ist im Gemälde der einzige Apostel, dessen Gesicht im Schatten liegt. Der Beutel mit den 30 Silberlingen in der rechten Hand weist schon auf den Verrat hin.

Judas, der dem Tod- und Wandlungs-Zeichen Skorpion zugeordnet wird, geht Jesus als einziger Jünger in den Tod voraus.

„Die Verteidigungsrede des Judas Iskariot“ von Walter Jens (Jens 2004) wirft ein ganz anderes Bild auf diese kollektive Schatten-Gestalt, die in tief berührender Weise von Bruno Ganz dargestellt wurde (auf youtube.com zu sehen).

Petrus, der als Dritter der Herbst-Gruppe erscheint, drängt sich zwischen Judas und Johannes, gemäß seiner persönlichen Lebensgeschichte, die beide Seiten kennt, den Verrat (die dreimalige Verleugnung) und die Versöhnung. Er setzt mit der rechten Hand sein Messer wie einen Skorpion-Stachel an den Rücken des Judas, während seine linke Hand gleich einem Schützen über sich hinausweist auf Johannes und Christus hin.

So spannt auch die Gestalt des Kentaur, die das Tierkreiszeichen Schütze repräsentiert, einen Bogen von seinem animalischen Pferdehinterteil über seinen menschlichem Oberkörper bis hin zum Göttervater Zeus-Jupiter (= Regent des Schützen) im Himmel.

Die letzte Dreiergruppe, die der Winter-Zeichen, beginnt mit Andreas. Er ist dem Zeichen Steinbock zugeordnet, mit Saturn als Regent. Andreas und Petrus sind Brüder. Sie stellen, wie ihre planetaren Entsprechungen, Saturn, der Planet der Abgrenzung (Andreas), und Jupiter, der Planet der Ausdehnung (Petrus), ein gegensätzliches Bruder-Paar (Schatten-Brüder) dar.

Während Philippus als Vertreter des dem Steinbock gegenüberliegenden Zeichens Krebs seine Hände vor der Brust nach innen wendet, zeigt sich Andreas als Repräsentant des Zeichens Steinbock mit seinen Händen vor der Brust mit einer nach außen gewandten, abweisenden Saturn-Gebärde, so als wollte er sich davor abgrenzen, als Verräter verdächtigt zu werden.

In der Mitte der letzten Dreiergruppe, dem Wassermann entsprechend, sehen wir Jakobus den Jüngeren.

Jakobus leitete zusammen mit Petrus die erste Urgemeinde in Jerusalem.

Seine freundschaftliche Verbundenheit (= Wassermann-Thema) mit ihm wird dadurch sichtbar, dass er seine linke Hand auf die rechte Schulter von Petrus legt (= harmonischer Sextil-Aspekt zwischen den Zeichen Wassermann und Schütze), während die rechte Hand an der Schulter von dessen Bruder Andreas liegt.

Wintergruppe mit Bartholomäus ♓, Jakobus d.J. ♒ und Andreas ♑

Beide, Jakobus der Jüngere (Wassermann) und Andreas (Steinbock), haben ursprünglich den Saturn als Regent (gemäß dem Freundschaftsthema: „Gleich und gleich gesellt sich gern").

Als letzten Apostel sehen wir Bartholomäus, der mit seinem blau-grünem Gewand dem letzten Tierkreiszeichen, dem der Fische, entspricht.

Bartholomäus steht am Fußende des Tisches, gemäß der Zuordnung der Füße zum Zeichen der Fische. Von dort aus hat er den Überblick über das ganze Geschehen, so wie die Fische das Thema der Ganzheit und Vollständigkeit als zwölftes und letztes Zeichen im Tierkreis umfassen.

Dieses Thema der Ganzheit und Vollständigkeit finden wir wieder im Namen Jerusalem, das sich, wie oben schon ausgeführt, aus hebräisch „Jeru" (= das Erscheinen Gottes) und „Salem" = „Shalom" (Frieden, Ganzheit, Vollständigkeit) zusammensetzt. Es meint das Erscheinen Gottes, wenn wir zum inneren Frieden, zur psychischen Ganzheit und Vollständigkeit gelangt sind.

So erscheinen auch die zwölf Apostel in ihrer Ganzheit und Vollständigkeit am Ende der Offenbarung des Johannes im Himmlischen Jerusalem:

Zur obigen Abbildung (Beatus Handschrift, Kommentar zur Apokalypse, Spanien, San Salvator de Tábara, ca. 945 n. Chr.; Pierpont Morgan Library, New York, PML, M.644, fol. 222v): Darstellung des Himmlischen Jerusalem mit Christus als weißes Auferstehungslamm, einem Engel, der mit dem goldenen Maßstab das vollendete Maß der Heiligen Stadt ausmisst und Johannes, der die geheime Offenbarung in seinem Buch aufschreibt (Offb. 21,9-21). In den zwölf Toren sehen wir die zwölf Apostel mit den zwölf Edelsteinen über ihren Häuptern.

Arnold Bittlinger ordnet den zwölf Aposteln und zwölf Tierkreiszeichen folgende zwölf Edelsteine zu, die in der Offenbarung des Johannes (Offb. 21,19-20) gemäß der Abfolge der großen Weltzeitalter in umgekehrter Reihenfolge (vom Zeichen der Fische bis zum Zeichen des Widders) angeführt sind (Bittlinger 1995, S. 234):

Symbol	Zeichen	Apostel	Edelstein
♈	Widder	Simon	Amethyst
♉	Stier	Thaddäus	Hyazinth
♊	Zwilling	Matthäus	Chrysopras
♋	Krebs	Philippus	Topas
♌	Löwe	Jakobus d. Ä.	Beryll
♍	Jungfrau	Thomas	Chrysolith
♎	Waage	Johannes	Sarder
♏	Skorpion	Judas	Sardonyx
♐	Schütze	Petrus	Smaragd
♑	Steinbock	Andreas	Chalzedon
♒	Wassermann	Jakobus d. J.	Saphir
♓	Fische	Bartholomäus	Jaspis

Der Weg vom Karfreitag bis zum Ostersonntag

Kommen wir nun zum Karfreitag, dem **Venus-Tag der Karwoche**.

Wenn wir uns fragen, was der Karfreitag mit der Venus zu tun hat, so finden wir die archetypisch-mythologische Gestalt der Venus in drei Aspekten:

„Erstens als Göttin der Liebe, zweitens als Symbol für Tod und Auferstehung, drittens als Klagende" (Bittlinger 1995, S. 158).

1.) Im Kreuzesgeschehen erfüllt Christus sein Wort:

„Das ist mein Gebot: Liebt einander, so wie ich euch geliebt habe. Es gibt keine größere Liebe, als wenn einer sein Leben für seine Freunde hingibt." (Joh. 15,12-13)

2.) Der Planet Venus erscheint als Symbol für Tod und Auferstehung, indem er als untergehender Abendstern für den Tod, in der Phase der Unsichtbarkeit für das Begrabensein und die Wandlung durch die Unterwelt und als aufgehender Morgenstern für die Auferstehung steht. Dazu passt das Christus-Wort: „Ich bin der strahlende Morgenstern." (Offb. 22,16)

3.) Das mittelhochdeutsche „Kar" von Karfreitag heißt „Klage, Jammer, Kummer". Und so wie die Göttin Venus den gewaltsamen Tod ihres Geliebten Adonis beklagt hat, so klagen die Menschen auf dem Kreuzweg: „Es folgte eine große Menschenmenge, darunter auch Frauen, die um ihn klagten und weinten." (Lk. 23,27)

Das Klage-Thema kommt in der Kreuzigungsdarstellung des Isenheimer Altars von Matthias Grünewald im Unterlinden Museum in Colmar eindrücklich zum Ausdruck: in der Klage von Maria, der Mutter Jesu, die von Johannes gehalten wird, und in der Klage von Maria Magdalena, die mit dem Salböl-Gefäß erscheint.

Das Thema des Salböls reicht von Mittwoch der Karwoche bis zur Auferstehung am Ostersonntag und dem Moment, als Maria Magdalena damit ans Grab kommt und so die Erste ist, der der Auferstandene begegnet.

Das Besondere an dieser Kreuzigungsdarstellung ist, dass auch Johannes der Täufer, der schon lange vor der Kreuzigung Jesu enthauptet wurde, mit dem Auferstehungslamm unter dem Kreuz erscheint und mit seinem überlangen Zeigefinger den lateinischen Text auf dem Bild ausspricht, der in Deutsch lautet: „Jener muss wachsen, ich muss abnehmen".

Es geht um das Christus-Selbst, das jetzt hervorkommen und „wachsen" soll, während das sterbliche Ich, gemäß der Enthauptung Johannes des Täufers, jetzt abnehmen und loslassen muss.

Die Kosmische Entsprechung finden wir in der Geburt Johannes des Täufers und Christi Geburt: Die Geburt Johannes des Täufers wird zur Zeit der Sommersonnenwende am 24. Juni (= Johannisfest) gefeiert; nun muss die Sonne in der absteigenden Sonnenbahn abnehmen. Ab Christi Geburt hingegen, am 24. Dezember (= Heiliger Abend), genau ein halbes Jahr später, nimmt die Sonne in der aufsteigenden Sonnenbahn wieder zu.

Schauen wir uns noch die Nacht vom Gründonnerstag (die Silbe „Grün" kommt wahrscheinlich von „greinen" = weinen, klagen) auf den Karfreitag an, so sehen wir, dass Christus nach dem Abendmahl mit seinen Jüngern zum Ölberg (aus dem Hebräischen übersetzt: „Olivenberg") geht, insbesondere in den Garten Gethsemane.

Das hebräische Wort Gethsemane heißt „Ölpresse" (aus „gath" = Presse und „schemen" = Öl). So wie dem Freitag, dem Venus-Tag, dem sechsten Tag der Genesis, die Olive zugeordnet ist (Dtn. 8,8), vollzieht sich nun symbolisch der Weg von der Olive bis zum Salböl.

Im Garten Gethsemane, in der „Ölpresse", wo Jesus Blut schwitzt, vollzieht er die innere kopernikanische Wende vom Jesus-Ich zum Christus-Selbst mit den Worten: „Vater, wenn du willst, nimm diesen Kelch von mir! Aber nicht mein, sondern dein Wille soll geschehen." (Lk. 22,42)

Nun ist er bereit, sich auszuliefern und sich seinem Schicksal („dem geschickten Heil") hinzugeben (= Venus-Thema).

Im Unterschied zu Christus bleibt Simon Petrus noch dem Mars verhaftet und kämpft gegen die Schatten-Kräfte an, anstatt sie anzunehmen und in das Leben zu integrieren. So erleben wir es auch in der Petruskirche bis heute.

Hier treffen die alte Spaltungs-Ethik der Schatten-Projektion und Sündenbock-Psychologie und die neue Ganzheits-Ethik der Integration des

Schattens und der Feindbilder aufeinander (vgl. Neumann 1949a und Walch 2010).

So schlägt Simon Petrus bei der Festnahme Christi einem Diener des Hohepriesters mit dem Schwert (= Mars) ein Ohr (= Venus) ab, worauf Christus ihm sagt: „Steck dein Schwert in die Scheide; denn alle, die zum Schwert greifen, werden durch das Schwert umkommen." (Mt. 26,52)

Damit geschieht der Übergang vom Heldenmythos in den Wandlungsmythos (vgl. Neumann 1949).

Nach seiner Festnahme kommt es zu drei Verhören.

Sie entsprechen der Dreiheit der drei Prinzipien (Gunas) Tamas, Rajas und Sattva, der drei Planeten Saturn, Jupiter und Merkur sowie der drei Qualitäten fix, kardinal und beweglich (vgl. Dethlefsen 1989, S. 181 ff.):

Im Verhör durch die Hohepriester Hannas und Kajaphas, das noch in der Nacht stattfindet, kommt das verhärtete Tamas-Prinzip mit dem Saturn-Thema der Überalterung und Erstarrung der Pharisäer zum Ausdruck, das der fixen Qualität entspricht.

Einen Gegenpol dazu finden wir beim Verhör durch Herodes, der nur Wunder sehen will und in dessen Gestalt das feurige Rajas-Prinzip erscheint, das mit dem Jupiter und der kardinalen Qualität korrespondiert.

Beim Verhör durch Pontius Pilatus erleben wir einen Menschen, der vermitteln und einen Ausgleich herbeiführen möchte, entsprechend dem integrierenden Sattva-Prinzip, das dem Archetyp des Merkur und der beweglichen Qualität entspricht.

So wie am Freitag, am Venus-Tag der Genesis, der Mensch erschaffen wurde, so erfolgt am Karfreitag der Ausspruch von Pontius Pilatus auf Christus bezogen: „Ecce homo"- „Seht, da ist der Mensch!" (Joh. 19,5)

Diese Dreiheit begegnet uns wieder in den drei Kreuzen auf Golgatha, wo Christus in der Mitte zum Mittler (= Merkur) wird und das Gleichgewicht (= Waage-Venus des sechsten Tages) herstellt zwischen dem linken und dem rechten Schächer, zwischen Saturn und Jupiter.

Eine Konjunktion von Saturn und Jupiter war schon bei der Geburt Jesu als Stern von Bethlehem am Himmel. Jetzt vollzieht Christus am Kreuz selber diese Gegensatzvereinigung, wodurch Geburt und Tod zusammenkommen.

Das Kreuz Christi wird auf Golgatha, was „Schädelstätte" heißt, errichtet.

In der Mitte des Schädels wiederum findet die Vereinigung von Sonne und Mond (= Sonnenfinsternis zum Zeitpunkt des Todes) als Gegensatzvereinigung statt; und hier in der Stirnmitte ist gemäß dem sechsten Tag das sechste

Energiezentrum (Chakra) zu finden: Das sechste Chakra wird mit zwei Blütenblättern (gemäß der Sonnen- und Mondbahn der aufsteigenden Kundalini-Schlangenkraft = Ida und Pingala) dargestellt und symbolisiert die letzte Ausbalancierung der Polarität. (Vgl. Jung 2019)

> Das Kreuz auf Golgatha kann dich nicht von dem Bösen,
> Wo es nicht auch in dir wird aufgericht', erlösen.
>
> (Silesius 1979, S. 40)

Erich Neumann schreibt dazu in seinem Eranos-Beitrag „Die Bedeutung des Erdarchetyps für die Neuzeit" (Neumann 1954, S. 34 + 43): „Wir kennen dieses Bild der Erlöserschlange ja nicht nur von der Gnosis und aus dem sabbathianischen Mythos, sondern die gleiche von unten aufsteigende erlösende und zu erlösende Schlange ist uns aus Indien bekannt als Kundalini-Schlange und schließlich aus der Alchemie als der serpens Merkurii, als die zweideutige Schlange, deren Bedeutung durch Jungs Forschungen erstmalig verdeutlicht wurde. … Der Doppelaspekt von Christus, der Heils-, und dem Teufel, der Unheils-Schlange, entspricht dem Doppelcharakter der Merkurschlange."

Im Johannes-Evangelium finden wir den Bezug zu Christus als Heils-Schlange am Kreuz: „Und wie Mose die Schlange in der Wüste erhöht hat, so muss der Menschensohn erhöht werden, damit jeder (…) das ewige Leben hat." (Joh. 3,14-15)

Christus als aufgerichtete Schlange am Kreuz auf Otto Münchs Bronze-Bibeltüre am Grossmünster in Zürich.

Schon Moses hat alle, die von einer Schlange gebissen wurden, mit einer aufgerichteten ehernen Schlange geheilt. (Vgl. Num. 21,8)

Das Wort Messias („maschiach“ = 40-300-10-8 = 358) hat im Hebräischen denselben Zahlenwert wie das hebräische Wort für Schlange („nachasch“ = 50-8-300 = 358).

Das Kreuz auf Golgatha, der Schädelstätte, wird, wie auf alten Kreuzesdarstellungen sichtbar, auf dem Schädel Adams aufgerichtet und Christus damit zum zweiten Adam:

„Da nämlich durch einen Menschen der Tod gekommen ist, kommt durch einen Menschen auch die Auferstehung der Toten. Denn wie in Adam alle sterben, so werden in Christus alle lebendig gemacht werden.“ (1 Kor. 15,22)

In der Erlösung und Heilung des Menschen durch einen Menschen kommt die Heilwirkung des homöopathischen Simile-Gesetzes zum Ausdruck: „Similia similibus curantur“ – „Ähnliches wird durch Ähnliches geheilt“.

Dazu passt mein Gedicht „Homöopathie“:

Homöopathie

Die giftge Schlange, die herab
sich wand von dem Erkenntnisbaum,
wird aufgerichtet uns zum Heil,
erhöht am Kreuz und Lebensbaum.

So wird Arznei nun aus dem Gift,
das uns zuvor ins Unheil stieß,
zeigt uns den Kreuzes-Weg zurück
in das verlorne Paradies.

So heilt der wahre Homöopath,
indem er ähnlich leidend wird,
das Gift, das ihn ins Leid gestürzt,
zur Heilsarznei nun potenziert.

Das alte Simile-Gesetz:
Dass nur geheilet werden kann
das Ähnliche durch Ähnliches,
entspricht auch Gottes Heiles-Plan.

So wird er selber ähnlich uns,
in Christus uns als Mensch geborn,
und durch sein ähnlich Leiden sind
wir zu dem Heile auserkorn.

Er ist der Heiland, der uns heilt,
indem er alles Menschenleid
am Kreuz erhöhet auf sich nimmt
und uns von aller Schuld befreit.

Und heute noch wird Brot und Wein
zur Heilesspeise potenziert;
sein Fleisch und Blut ist die Arznei,
die uns zum ewgen Leben führt.

(Walch 1987 und 2007, S. 103)

Die Christen der griechischen Urkirche haben das Abendmahl ein „Pharmakon athanasias“ genannt, ein „Heilmittel zur Unsterblichkeit“.

Am Karsamstag, am Saturn-Tag, dem siebten Tag der Karwoche, wird in der Kirche der Grabesruhe Christi gedacht, so wie Gott am siebten Tag der Genesis ruhte. Chronos-Saturn, der auch als Sichelmann oder mit der Sanduhr dargestellt wird, konfrontiert uns mit Tod und Vergänglichkeit.

Saturn, der der chronologisch ablaufenden Zeit entspricht, frisst in der Mythologie seine Kinder, aus Angst, sie könnten ihn entmachten. Nur Zeus-Jupiter gelingt die Entmachtung Saturns und verbannt ihn in die Unterwelt.

Damit wird das zweite Saturn-Thema deutlich: Christus steigt am Karsamstag in die Unterwelt hinab, so wie es im apostolischen Glaubensbekenntnis heißt: „Descendit ad inferos“- „Hinabgestiegen zur Hölle“ oder wie es heute heißt: „Hinabgestiegen in das Reich des Todes“.

Der Karsamstag wird somit auch zum Tag der Höllenfahrt Christi, die noch vor Auferstehung und Himmelfahrt stattfinden muss. Christus steigt hinab, um auch all die vor ihm verstorbenen Menschen, die im Hades auf Erlösung warten, aus der Unterwelt zu befreien und zur Auferstehung zu führen. Innerpsychisch hebt er alle bisher in den Schatten des kollektiven und des individuellen Unbewussten verdrängten Themen, die sich nach Annahme und Integration sehnen, ans Licht des Bewusstseins, um sie in die Ganzheit der Psyche aufzunehmen.

Fresko im Chora-Kloster in Istanbul: Christus holt in der Unterwelt Adam und Eva aus ihren Gräbern und nimmt sie mit in die Auferstehung.

„Damit etwas Lebendes verstärkt, etwas Altes neu, etwas Neues wirklich werden soll, muss es den Durchgang durch das Reich des Todes vollzogen haben, welches das Quellreich allen Lebens ist. Darum ist jede Geburt Wiedergeburt und jede Wiedergeburt Auferstehung und Rückkehr aus dem Totenreich. Der Satz des Novalis »Durch den Tod wird das Leben verstärkt« ist nicht romantisch, sondern mythologisch zu verstehen." (Neumann 1951/1978, S. 19)

Die Höllenfahrt Christi ist in den Mythen der Unterwelt- und Nachtmeerfahrt archetypisch vorgezeichnet, in denen die Sonne, die im alten Ägypten dem Sonnengott Re entspricht, am Abend im Westen ins Nachtmeer bzw. in den „Westberg" eintaucht (= Karfreitag). Christus überwindet den Drachen (Leviathan, im alten Ägypten Apophis), die Dämonen bzw. den Tod am tiefsten Punkt um Mitternacht (= Karsamstag). Am Morgen erfolgt die Auferstehung im Osten (= Ostersonntag, etymologisch verwandt mit Ostara, der germanischen Frühlingsgöttin der aufsteigenden Sonne) als neue, siegreich strahlende Sonne aus dem Dunkel der Nacht und des Unbewussten.

Im Jahreskreis der Sonne beginnt dieser Wandlungsweg mit der Herbst-Tag-und-Nacht-Gleiche am 23. 9. im Zeichen Waage, der Schwelle zur Unterwelt und dem Durchgang durch die dunkle Jahreshälfte. Es folgt der weitere Abstieg bis zur Wintersonnenwende am 21.12., dem Beginn des Zeichens

Steinbock. In der weiteren aufsteigenden Sonnenbahn ereignet sich zum Zeitpunkt der Frühlings-Tag-und-Nacht-Gleiche am 21. 3. die „Auferstehung der Sonne“ mit Beginn des Auferstehungs-Zeichens Widder, in dem wir zum ersten Frühlingsvollmond Ostern feiern.

Und so kommen wir zum **Ostersonntag, zum achten Tag der Karwoche**.

Die Sonne des Palmsonntags entspricht dem geschichtlichen, in Raum und Zeit begrenzten Ich (= Jesus von Nazareth beim Einzug ins irdische Jerusalem).

Mit dem Aufgang der „Auferstehungs-Sonne“ am Ostersonntag kann die überraumzeitliche Ganzheit, Einheit und Ewigkeit des Selbst (= auferstandener Christus mit Bezug zum himmlischen Jerusalem) erfahren werden.

Und somit treten wir aus der Zeitlichkeit des siebten Tages (Chronos-Saturn) in die Zeitqualität des Kairos und des Hier und Jetzt. Kairos entspricht dem Planet Uranus, der als achter Planet zur Zeit der französischen Revolution entdeckt wurde. Als Planet des Himmels bringt Uranus die Themen Überraschung, Erneuerung, Befreiung und Herausspringen aus alten Welt- und Vorstellungsbildern (von Chronos-Saturn) hervor.

Der achte Tag (Ostersonntag) weist als liegende Acht (Lemniskate) auf die Ewigkeit hin.

Die hebräischen Wörter für acht und für Öl sind von ihrem Stamm her identisch. Und so begegnet am Ostersonntagmorgen Maria Magdalena mit dem Salböl dem auferstandenen Gesalbten, dem Messias, dem Christus, als Erste.

Der alles erleuchtende Glanz Christi als Auferstehungs-Sonne kommt im Oster-Hymnus von Clemens von Alexandrien zum Ausdruck:

Wache auf, der du schläfst,
Stehe auf von den Toten!
Und aufleuchten wird dir der Christus,
Der Herr der Auferstehungs-Sonne,
Der vor dem Morgenrot gezeugt
Leben spendet mit seinen Strahlen.

Diese überweltliche Strahlkraft sehen wir in der Darstellung des Auferstandenen am Isenheimer Altar von Matthias Grünewald, von dem sogar die Wundmale ausstrahlen und der sich durch den Grabstein (Saturn des siebten Tages) hindurch zur Auferstehungs-Sonne des achten Tages erhebt:

Wer hätte das vermeint! Aus Finsternis kommt's Licht,
das Leben aus dem Tod, das Etwas aus dem Nicht.

(Silesius 1979, S. 73)

In der Alchemie entspricht der Übergang vom Saturn (Karsamstag) zur Sonne (Ostersonntag) dem Weg vom Blei zu Gold, von der Finsternis zum Licht, vom Tod zum Leben.

„Die Sonne ist sozusagen der Durchbruch-Planet. (…) Durchbruch aber ist Ordnung aus dem Chaos (1. Schöpfungstag), Auferstehen aus dem Grab." (Weinreb 1982, S. 137)

Sonnengebets-Übung zur Wandlung von Gründonnerstag bis Ostersonntag

Den Wandlungsweg von Gethsemane, der Ölpresse, bis zur Auferstehung des Gesalbten können wir in einem von mir aus dem Yoga adaptierten Sonnengruß in einer Abfolge ganzheitlicher Leib-Gebärden nachvollziehen:

Zuerst stehen wir auf einer rutschfesten Unterlage gut geerdet, hüftbreit und aufrecht mit gefalteten Händen vor der Brustbein- bzw. Herzmitte.

Mit den Gethsemane-Worten: „Dein Wille geschehe" öffnen wir die Hände und Arme waagrecht nach vorne (mit den Handtellern nach oben).

Dann führen wir die Hände und Arme nach oben, folgen mit dem Blick nach oben und sprechen: „Wie im Himmel".

Während die Hände und Arme oben bleiben, senken wir den Blick nach unten und sprechen: „So auf Erden".

Dann führen wir die Hände und Arme von oben über die Seiten bis in die waagrecht ausgebreitete Kreuzgebärde (Handteller zeigen nach vorne, wie ans Kreuz genagelt), spüren die Kreuzspannung und sprechen: „Gekreuzigt".

Mit dem Wort: „Gestorben" lassen wir gleichzeitig die Arme fallen.

Dann nehmen wir das rechte Bein so weit zurück, dass wir uns mit den Händen auf dem Boden abstützen können und das linke Bein abgewinkelt ist (noch mit vollem Sohlenkontakt zum Boden). In dieser waagrechten Position des Leibes sprechen wir das Wort: „Begraben".

Dann nehmen wir auch das linke Bein zurück und setzen uns nach hinten auf die Fersen, während die Hände vorne bleiben, und bewegen den Leib möglichst nahe am Boden nach vorne: Dazu sprechen wir: „Hinabgestiegen in das Reich des Todes".

Dann dehnen wir den ganzen Leib von den Zehen bis zum Scheitel und blicken wieder nach oben: Wir nehmen das rechte Bein nach vorne und stellen es abgewinkelt auf mit den Worten: „Am dritten Tage".

Dann nehmen wir auch das linke Bein nach vorne, stellen es hüftbreit neben das rechte und richten uns auf, indem wir die Hände mit den Handrücken zueinander über die Mittellinie des Leibes nach oben führen und mit den Armen zum Himmel hin weit öffnen (Oranten-Haltung). Dazu sprechen wir: „Auferstanden von den Toten".

Zum Abschluss sammeln wir uns, indem wir die Hände zurückführen und wie am Anfang, aufrecht stehend zwischen Himmel und Erde, vor der Brustbein- bzw. Herzmitte falten. Von dieser Position aus können wir die Sonnengebets-Übung wiederholen oder sie mit einer Verneigung abschließen.

Übungs-Übersicht (Skript) zum Sonnengebet

1. **DEIN WILLE GESCHEHE:** Hände nach vorne
2. **WIE IM HIMMEL:** Hände nach oben
3. **SO AUF ERDEN:** Hände nach oben, Blick nach unten
4. **GEKREUZIGT:** Kreuzgebärde
5. **GESTORBEN:** Hände hängen lassen
6. **BEGRABEN:**

7. **HINABGESTIEGEN:** Füße zurück auf die Knie
8. **IN DAS REICH DES TODES:**

9. **AM DRITTEN TAGE :**

10. **AUFERSTANDEN VON DEN TOTEN:**

Zusammenfassende Übersicht der sieben Planeten-Archetypen der Ur-Woche und deren Zuordnungen

Tag	Planet	Metall	Götter- und Mythen-Gestalt	Tierkreis-	Zeichen
1. Sonntag	☉	Gold	Sonne/Sol/ Helios/Re/Osiris	♌	Löwe
2. Montag	☽	Silber	Mond/Luna/ Selene/Isis	♋	Krebs
3. Dienstag („mardi“)	♂	Eisen	Mars/Ares/ Seth	♈+♏	Widder + Skorpion
4. Mittwoch („mercredi“)	☿	Quecksilber	Merkur/ Hermes/ Thoth	♊ + ♍	Zwilling + Jungfrau
5. Donners-tag („jeudi“)	♃	Zinn	Jupiter/ Zeus/ Horus	♐ + ♓	Schütze + Fische
6. Freitag („vendredi“)	♀	Kupfer	Venus/ Aphrodite/ Hathor	♉+ ♎	Stier + Waage
7. Samstag („saturday“)	♄	Blei	Saturn/ Chronos/ Anubis	♑+ ♒	Steinbock + Wasser-mann
8. = 1. = Sonntag	☉	Gold (Flugzeug-) Aluminium	Auferstehungs-Sonne, Uranus/ Uranos/ Kairos	∞	Ewigkeit

Genesis-Tag	Karwochen-Tag	Archetypisches Thema
1. „Es werde Licht" (Sonne) Gen. 1,3-5	Palmsonntag: Einzug in Jerusalem (Palme + König = Sonne = ♌) Mk. 11,1-11	König, Zentrum, Mittelpunkt
2. „Wasser vom Wasser scheiden" (Mond) Gen. 1,6-8	Montag der Karwoche: Verfluchung des Feigenbaums (= Mond-Baum, wie Baum der Erkenntnis - Gen. 2,9) Mk. 11,12-14 und Tempelreinigung Mk. 11,15-19	Mutter- und Kind-Archetyp, Spiegel
3. „Trockenes Land, junges Grün, Samen und Früchte" (Mars) Gen.1,9-13	Dienstag der Karwoche: Wehe-Rufe gegen die Schriftgelehrten und die Pharisäer Mk. 12,37b-40 + Mt. 23,1-39	Held, Kampf, Durchsetzung
4. „Lichter, Zeichen von Tag + Nacht, Festzeiten" (Merkur) Gen. 1,14-19	Mittwoch der Karwoche: Salbung durch Maria (= Sakrament = erlöstes Merkur-Prinzip), Unruhe des Judas (= unerlöstes Merkur-Prinzip) Mk. 14,1-11	Gegensatzprinzip, Mittler, Polarität, Maria, Ernte, Kornsymbolik
5. „Vögel am Himmel (♐), Wesen im Wasser (♓) in Fülle, vermehret euch"(Jupiter) Gen. 1,20-23	Gründonnerstag: Abendmahl (Jesus als Priester = ♐) Mk. 14,12-25 Fußwaschung (Füße = ♓) Joh. 13,1-20	Expansion, Sinn, Priester, Kentaur, Synthese, Mystik, Einheits-wirklichkeit
6. „Vieh, Tiere des Feldes, Kriechtiere auf dem Erdboden (♉), Mensch als Abbild Gottes, als Mann und Frau" (♎) (Venus) Gen. 1,24-31	Karfreitag: Liebende Hingabe (Venus) bis in den Kreuzestod - Mk. 14,32-15,41, Chymische Hochzeit zwischen Johannes und Maria - Joh. 19,26-27 sowie Sonne und Mond (Sonnenfinsternis - Mt. 27,45)	Erd-Archetyp, Natur, Haus, Heilige Hochzeit (Hieros Gamos), Kunst, Gerechtigkeit
7. „Gott vollendete das Werk und ruhte" (Saturn) Gen. 2,1-4a	Karsamstag: Begräbnis Jesu (Mk. 15,42-47), Grabesruhe; „Hinabgestiegen in das Reich des Todes" (Höllenfahrt Christi)	Grenze, Zeit, Hüter der Schwelle
	Ostersonntag: Auferstehung, Mk. 16,1-8 (Uranus-Kairos)	Erneuerung, Narr, Sprung, Himmel

Die sieben Wochen von Ostern bis Pfingsten

Auch in den sieben Wochen von Ostern bis Pfingsten begegnen uns die sieben Planeten-Archetypen. Sie entsprechen den sieben Sphären, durch die der Auferstandene weiter aufsteigt, wobei er alle Planeten-Qualitäten durchlichtet und deren Gegensätze vereint.

Beginnend von der Osterwoche erscheint uns der auferstandene Christus als Sonne, so dass uns, wie den Emmaus-Jüngern, ein Licht aufgehen kann.

In der zweiten Woche nach Ostern vermittelt er uns das Mond-Thema, das neben dem Bewusstsein auch das Unbewusste berücksichtigt.

In der dritten, der Mars-Woche, geht es um einen Ausgleich von Aktion und Kontemplation.

Die vierte Woche, die Merkur-Woche, zeigt uns, wie wir Denken und Handeln in Einklang bringen können.

In der fünfte Woche, dem Jupiter zugeordnet, sind wir mit hineingenommen in die Integration von Himmel und Erde.

Die sechste Woche nach Ostern, die Venus-Woche, ist dem Thema Liebe gewidmet und dem Weg von der eher noch anhaftenden, sich absichernden Liebe hin zur freigebenden, absichtslosen Liebe.

Rilke formuliert es so:

Denn das ist Schuld, wenn irgendeines Schuld ist:
die Freiheit eines Lieben nicht vermehren
um alle Freiheit, die man in sich aufbringt.
Wir haben, wo wir lieben, ja nur dies:
einander lassen; denn dass wir uns halten,
das fällt uns leicht und ist nicht erst zu lernen.

(Rilke 1957)

Der Donnerstag als Jupiter-Tag hat einen Bezug zum Himmel. Und so sind wir 40 Tage nach Ostern, am Donnerstag der sechsten Woche, der Venus-Woche, zu Christi Himmelfahrt, ebenso wie am Karfreitag, am Venus-Tag der Karwoche, herausgefordert, Christus loszulassen: am Karfreitag in seine „Erhöhung“ am Kreuz in den Tod, an Himmelfahrt in seine Erhebung in die überweltliche Dimension des Himmels, letztlich in den inneren Himmel, wo er im Jetzt gegenwärtig ist.

In der siebten Woche nach Ostern, dem Saturn zugeordnet, konfrontiert uns der Auferstandene mit unserer Vergänglichkeit und der Frage, was das Bleibende und Wesentliche ist, so wie das Epigramm von Angelus Silesius:

Mensch, werde wesentlich! denn wenn die Welt vergeht,
so fällt der Zufall weg, das Wesen, das besteht.

(Silesius 1979, S. 56)

So wie am achten Tag der Auferstehung und Ewigkeit des Ostersonntags überschreiten wir am Ende der siebten Woche nach Ostern, nach sieben Mal sieben Tagen, die Zeitlichkeit und Vergänglichkeit, die der Zahl Sieben und dem Saturn zugeordnet ist.

Mit Beginn der achten Woche, die dem Uranus zugeordnet wird, geschieht mit dem 50. Tag nach Ostern der Durchbruch zur überraumzeitlichen Dimension mit der Geist-Aussendung des Pfingstfestes (der 50. Tag = griechisch „Pentekoste" = Pfingsten).

Somit wird der erhöhte Christus zum kosmischen Christus.

In meinem Buch „Wandlung zum inneren Himmel" habe ich den archetypischen Lebens-Weg Christi in zwölf Haikus (im Rhythmus von 5/7/5 Silben) zusammengefasst:

Wandlungen des Logos

Längst angekündigt.
In heilsamer Erwartung
im Leib empfangen.

Geboren worden
hinein in die Finsternis
als Licht des Menschen.

Herangewachsen
liebevoll und wahrhaftig
vom Einen zeugend.

Im weiblichen Du
der Sophia begegnet
und gesalbt worden.

Stein des Anstoßes.
Über den Weg des Ecksteins
zum Stein der Weisen.

Verraten worden
von seinem Schatten-Bruder
das Werk erfüllend.

Verleugnet worden
von der menschlichen Schwäche
in jedem von uns.

Verurteilt worden
weil für uns unerträglich
der selbst Ur-Teil ist.

Verspottet worden
im Angesicht des Todes
Vergebung lebend.

Gekreuzigt worden
zwischen Himmel und Erde
das All umfassend.

Hinabgestiegen.
Im Annehmen des Bösen
wiedererstanden.

Hinaufgefahren.
In seine Allgegenwart
uns heim geleitend.

(Walch 2007, S. 188 f.)

Literatur

Banzhaf, Hajo (2003): Astrologie. Kreuzlingen/München: Hugendubel
Bibel in der Einheitsübersetzung (2016). Stuttgart: Katholisches Bibelwerk
Bittlinger, Arnold (1995): Das Geheimnis der christlichen Feste. München: Kösel-Verlag
Dethlefsen, Thorwald (1989): Gedanken zum Ostermysterium. In: Ausgewählte Texte. München: Wilhelm Goldmann Verlag, 3. Auflage
Döbereiner, Wolfgang (1978): Astrologisches Lehr- und Übungsbuch, Band 1; Münchner Rhythmenlehre. München: Verlag Döbereiner
Enders, Franz Carl/ Schimmel, Annemarie (1984): Das Mysterium der Zahl - Zahlensymbolik im Kulturvergleich. Köln: Eugen Diederichs Verlag
Gibran, Khalil (1973): Der Prophet. Olten und Freiburg i.B.: Walter-Verlag. 21. Aufl. 1987
Goethe, Johann Wolfgang von (1986): Faust. Der Tragödie zweiter Teil. Stuttgart: Philipp Reclam jun.
Goethe, Johann Wolfgang von (1982): Gedenke zu leben. Texte zum Nachdenken. Freiburg i.B.: Herder TB 981
Goethe, Johann Wolfgang von (1982a): Gedichte. Zürich: Diogenes Verlag
Grün, Anselm (1990): Eucharistie und Selbstwerdung. Münsterschwarzach: Vier-Türme-Verlag
Frankl, Viktor (2008): Gesammelte Werke, herausgegeben von A. Batthyany, K.-H. Biller und E. Fizzotti. Wien: Böhlau
Hoerner, Wilhelm (1991): Zeit und Rhythmus - Die Ordnungsgesetze der Erde und des Menschen. Stuttgart: Verlag Urachhaus, 2. Auflage
Jens, Walter (2004): Ich, ein Jud: Verteidigungsrede des Judas Ischarioth. Rudolstadt: Burgart-Presse
Jung, Carl Gustav (1951): Seelenprobleme der Gegenwart. Zürich: Rascher
Jung, Carl Gustav (1952): Synchronizität als ein Prinzip akausaler Zusammenhänge. Eranos-Jahrbuch 1951 (Band XX). Zürich: Rascher. Auch in: Gesammelte Werke 8, Olten: Walter 1973, S. 457-553. Sowie in: Studien aus dem C. G. Jung-Institut 4, Zürich: Rascher-Verlag 1952; und in: München: Deutscher Taschenbuch Verlag 1990
Jung, Carl Gustav (1971): Psychologische Typen. Gesammelte Werke 6, Olten und Freiburg: Walter-Verlag
Jung, Carl Gustav (1972/73): Briefe. 3 Bände. Herausgegeben von Aniela Jaffe. Band 1: 1906-1945, Band 2: 1946-1955, Band 3: 1956-1961. Olten und Freiburg: Walter-Verlag
Jung, Carl Gustav (1988): Zur Psychologie westlicher und östlicher Religion. Gesammelte Werke 11. Olten und Freiburg: Walter-Verlag

Jung, Carl Gustav (1993): Symbole der Wandlung. Gesammelte Werke 5. Olten und Freiburg: Walter-Verlag

Jung, Carl Gustav (2019): Die Psychologie des Kundalini-Yoga. Düsseldorf: Patmos

Kepler, Johannes (2006): Weltharmonik. München: R. Oldenbourg Wissenschaftsverlag

Khan, Hazrat Inayat (1979): Vom Glück der Harmonie. Texte zum Nachdenken. Freiburg i.B.: Herder TB 724

Lapide, Pinchas (1988): Warum kommt er nicht? Jüdische Evangelienauslegung. Gütersloh: Gütersloher Verlagshaus Gerd Mohn. GTB 1421

Liebscher, Martin (Hrsg.) (2015): C. G. Jung – Erich Neumann. Die Briefe 1933 – 1959, Analytische Psychologie im Exil. Ostfildern: Patmos.

Matthews, Caitlin (1993): Sophia - Göttin der Weisheit. Solothurn und Düsseldorf: Walter-Verlag

Müller, Lutz und Anette (Hrsg.)(2009): Ein Stern kommt auf die Erde - Die spirituelle Symbolik von Weihnachten. Stuttgart: opus magnum

Müller, Rüdiger (1995): Der „Große Einzelne" - Erich Neumann im Spiegel seines Horoskops. Unveröffentlichtes Manuskript des Vortrags vom 5. 11. 1995, genau am 35. Todestag von Erich Neumann auf dem von mir veranstalteten „I. Internationalen Erich Neumann Symposium" von 3. bis 5. 11. 1995 in Bregenz gehalten. Kann beim Autor bezogen werden unter: E-Mail: info@praxis-zum-selbstfinden.de

Neumann, Erich (1949): Ursprungsgeschichte des Bewusstseins. Zürich: Rascher. Taschenbuch-Ausgaben: München: Kindler 1968 und Frankfurt a.M.: Fischer 1984. Neuauflage: Düsseldorf: Patmos 2004.

Neumann, Erich (1949a): Tiefenpsychologie und neue Ethik. Zürich:Rascher. Neuauflage: Todtmoos-Rütte: Johanna Nordländer 2009. Online-Ausgabe: Stuttgart: opus magnum 2005, herausgegeben von Lutz Müller und Gerhard M. Walch unter: https://opus-magnum.com/neumann-erich-dr-phil

Neumann, Erich (1949b): Der mystische Mensch. Eranos-Jahrbuch 1948 (Band XVII). Zürich: Rhein. Auch in: Umkreisung der Mitte. Aufsätze zur Tiefenpsychologie der Kultur. Band I: Kulturentwicklung und Religion. Zürich: Rascher, 1953. Online-Ausgabe: Stuttgart: opus magnum 2005, herausgegeben von Lutz Müller und Gerhard M. Walch unter: https://opus-magnum.com/neumann-erich-dr-phil

Neumann, Erich (1951): Zur psychologischen Bedeutung des Ritus. Eranos-Jahrbuch 1950 (Band XIX). Zürich: Rhein. Auch in: Umkreisung der Mitte. Aufsätze zur Tiefenpsychologie der Kultur. Band I: Kulturentwicklung und Religion. Zürich: Rascher, 1953. Online-Ausgabe: Stuttgart: opus magnum 2005, herausgegeben von Lutz Müller und Gerhard M. Walch unter: https://opus-magnum.com/neumann-erich-dr-phil

Neumann, Erich (1953): Die Psyche und die Wandlung der Wirklichkeitsebenen. Eranos-Jahrbuch 1952 (Band XXI). Zürich: Rhein. Siehe auch: Neumann 1992. Online-Ausgabe: Stuttgart: opus magnum 2005, herausgegeben von Lutz Müller und Gerhard M. Walch unter: https://opus-magnum.com/neumann-erich-dr-phil

Neumann, Erich (1954): Die Bedeutung des Erdarchetyps für die Neuzeit. Eranos-Jahrbuch 1953 (Band XXII). Zürich: Rhein. Siehe auch: Neumann 1992. Online-Ausgabe: Stuttgart: opus magnum 2005, herausgegeben von Lutz Müller und Gerhard M. Walch unter: https://opus-magnum.com/neumann-erich-dr-phil

Neumann, Erich (1955): Der schöpferische Mensch und die Wandlung. Eranos-Jahrbuch 1954 (Band XXIII). Zürich: Rhein. Enthalten in Neumann 1959a. Online-Ausgabe: Stuttgart: opus magnum 2005, herausgegeben von Lutz Müller und Gerhard M. Walch unter: https://opus-magnum.com/neumann-erich-dr-phil

Neumann, Erich (1956): Die Große Mutter – Eine Phänomenologie der weiblichen Gestalten des Unbewussten. Zürich: Rhein. Neuauflagen: Olten: Walter 1987 und Düsseldorf: Patmos 2003 und 2018.

Neumann, Erich (1956a): Die Erfahrung der Einheitswirklichkeit und die-Sympathie aller Dinge. Eranos-Jahrbuch 1955 (Band XXIV). Zürich: Rhein. Enthalten in Neumann 1959a. Online-Ausgabe: Stuttgart: opus magnum 2005, herausgegeben von Lutz Müller und Gerhard M. Walch unter: https://opus-magnum.com/neumann-erich-dr-phil

Neumann, Erich (1959): Die Angst vor dem Weiblichen. In: Benedetti, Gaetano (1959): Die Angst. Studien aus dem C. G. Jung Institut, X. Zürich: Rascher. Online-Ausgabe: Stuttgart: opus magnum 2005, herausgegeben von Lutz Müller und Gerhard M. Walch unter: https://opus-magnum.com/neumann-erich-dr-phil

Neumann, Erich (1959a): Der schöpferische Mensch. Zürich: Rhein. Neuauflage 1995: Herausgegeben und eingeleitet von Gerhard M. Walch in der Reihe: Geist und Psyche. Frankfurt a.M.: Fischer Taschenbuch Verlag, TB 12413. Online-Ausgabe: Stuttgart: opus magnum 2005, herausgegeben von Lutz Müller und Gerhard M. Walch unter: https://opus-magnum.com/neumann-erich-dr-phil; Neuauflage als Print-Ausgabe: Rütte: Nordländer 2008

Neumann, Erich (1963): Das Kind. Zürich: Rhein. Neuauflage 1999 in der Reihe: Geist und Psyche. Frankfurt a.M.: Fischer Taschenbuch Verlag, TB 14479. Online-Ausgabe: Stuttgart: opus magnum 2005, herausgegeben von Lutz Müller und Gerhard M. Walch unter: https://opus-magnum.com/neumann-erich-dr-phil

Neumann, Erich (1978): Kulturentwicklung und Religion. Frankfurt a.M.: Fischer Taschenbuch Verlag, TB 6388

Neumann, Erich (1992): Die Psyche als Ort der Gestaltung. Drei Eranos-Vorträge. Herausgegeben und eingeleitet von Gerhard M. Walch in der Reihe: Geist und Psyche. Frankfurt a.M.: Fischer Taschenbuch Verlag, TB 11094

Neumann, Erich (1995): Der schöpferische Mensch. Herausgegeben und eingeleitet von Gerhard M. Walch in der Reihe: Geist und Psyche. Frankfurt a.M.: Fischer Taschenbuch Verlag, TB 12413

Neumann, Erich (2019): The Roots of Jewish Consciousness (2 Bände in englischer Sprache). Abingdon: Routledge. Taylor & Francis Group. Zitate aus dem unveröffentlichten deutschsprachigen Originalmanuskript, das mir Prof. Micha Neumann 1993 auf meiner Israelreise zur Veröffentlichung übergeben hat. Diese deutsche Originalausgabe erscheint nun 2022 im Schwabe Verlag, Basel/Berlin

Novalis (2008): Gesammelte Werke, herausgegeben von Balmes, Hans Jürgen. Frankfurt a. M.: Fischer Verlag

Oetinger, Friedrich Christoph (1776): Biblisches und Emblematisches Wörterbuch. Neuherausgabe 1999: Berlin: De Gruyter Verlag

Ohtsu, Rekido (Hrsg.) (1985): Der Ochs und sein Hirte. Zen-Geschichte aus dem alten China. Pfullingen: Neske, 5. Auflage

Rilke, Rainer Maria (1929): Briefe aus den Jahren 1902 bis 1906. Hrsg. von Ruth Sieber-Rilke und Carl Sieber. Leipzig: Insel Verlag

Rilke, Rainer Maria (1957): Die Gedichte. Nach der von Ernst Zinn besorgten Edition der sämtlichen Werke. Leipzig: Insel Verlag. Aus: Requiem (1908). Für eine Freundin (Paula Modersohn-Becker). Geschrieben am 31. Oktober, 1. und 2. November 1908 in Paris.

Rosenberg, Alfons (1958): Durchbruch zur Zukunft. Der Mensch im Wassermann-Zeitalter. München und Planegg: O.W. Barth

Rosenberg, Alfons (1984): Zeichen am Himmel. Das Weltbild der Astrologie. München: Kösel

Rosenberg, Alfons (2000): J. Friedrich Oberlin: Die Bleibstätten der Toten. Bietigheim: Turm-Verlag

Rückert, Friedrich (1978): Am Abend zu lesen. Aus der „Weisheit des Brahmanen“. Texte zum Nachdenken. Freiburg i.B.: Herder. TB 654, 3. Auflage März 1981

Schimmel, Annemarie (2017): Rumi - Ich bin Wind und du bist Feuer. Xanten: Chalice

Schult, Arthur (1980): Mysterienweisheit im deutschen Volksmärchen. Bietigheim: Turm-Verlag

Schult, Arthur (1986): Astrosophie als kosmische Signaturenlehre des Menschenbildes
(2 Bände). Bietigheim: Turm-Verlag

Silesius, Angelus (1979): Der cherubinische Wandersmann. Geistreiche Sinn- und Schlussreime. Zürich: Diogenes Verlag. Kritische Ausgabe: Stuttgart: Reclam 1984

Walch, Gerhard M. (1984): Sinnfindung. Gedichte und Prosa. Lustenau: Verlag Lichtheimat

Walch, Gerhard M. (1987): Lichtwandlung. Gedichte und Prosa. Lustenau: Verlag Lichtheimat

Walch, Gerhard M. (2007): Wandlung zum inneren Himmel. Gedichte, Texte, Fotografien. Hohenems: Bucher

Walch, Gerhard M. (2010): Wandlungen des Bewusstseins. Erich Neumanns Tiefenpsychologie der Kultur. Stuttgart: opus magnum, 4. Auflage 2019

Walch, Gerhard M. (2018): Leib – Atem – Stimme – ZEN-Meditation auf dem Weg der Wandlungen zum inneren Himmel. Stuttgart: opus magnum, 2. Auflage 2019

Weinreb, Friedrich (1979): Buchstaben des Lebens. Texte zum Nachdenken. Freiburg i.B.: Herder. TB 699

Weinreb, Friedrich (1982): Die Astrologie in der jüdischen Mystik. Weiler: Thauros

Weinreb, Friedrich (1988): Innenwelt des Wortes im neuen Testament. Weiler: Thauros

Bildrechte

Zur Person

Gerhard M. Walch

Dipl. Leib-, Atem-, Stimm- und Psychotherapeut (ECP) in freier therapeutischer Praxis in Lochau am Bodensee, Dozent an den C. G. Jung Instituten Zürich, Stuttgart und Dresden sowie an der Stiftung Eranos in Ascona und in Schloss Hofen (in der Ausbildung von Psychotherapeut*innen); langjähriger Mitarbeiter der Internationalen Gesellschaft für Tiefenpsychologie (Lindauer Tiefenpsychologie-Tagungen), Herausgeber von Werken Erich Neumanns (im Fischer-Verlag, Frankfurt a.M. und im Verlag opus magnum, Stuttgart), Initiator des 1. Int. Erich Neumann Symposiums, Auseinandersetzung mit Astrologie/Astrosophie seit 1980, Autor zahlreicher Publikationen in den Bereichen Tiefenpsychologie und ganzheitliche Spiritualität.
Regionale und internationale Vortrags- und Seminartätigkeit seit 1984.

Homepages: www.walch.jetzt und
https://opus-magnum.com/walch-gerhard-m

Gerhard M. Walch
Wandlung zum inneren Himmel
Gedichte, Texte, Fotografien

Bucher Verlag Hohenems, 2007, Hardcover mit Schutzumschlag, 17x24 cm, 320 Seiten mit zahlreichen großformatigen Fotografien,
ISBN 978-3-902525-67-3.

Beim Autor um € 15.- (+Porto) erhältlich: Bestellungen an Gerhard M. Walch: gerhard@walch.jetzt

Dieser außergewöhnliche, großformatige Kunstband mit Gedichten und Texten aus 25 Jahren, ergänzt mit Mandala-Symbolen und Reise-Fotografien, umfasst fünf Bücher: „Sinnfindung", „Lichtwandlung", „Alchemie des Brotes", „Nur Wandlung ist beständig" und „Der Himmel ist in dir".

Gerhard M. Walch nimmt uns mit seinen existentiellen und inspirierenden Gedichten, Texten und Fotografien mit auf eine Reise durch äußere und innere Welten. Er begleitet uns auf diesem Wandlungs-Weg zu neuen Dimensionen der Erfahrung des inneren Himmels. Seine beeindruckenden Fotografien sind auf Reisen nach Oberägypten, Andalusien, Spiti am Himalaya, Umbrien/Toskana, Anatolien/Kappadokien/Istanbul, Lanzarote und Marokko entstanden.

Gerhard M. Walch

Wandlungen des Bewusstseins

Erich Neumanns Tiefenpsychologie der Kultur

Verlag opus magnum, Stuttgart, 2010; 4. Auflage 2019
210 Seiten mit vielen Abbildungen, € 19,90, ISBN 978-3-939322-20-7

Inhaltsübersicht

- Erich Neumann - Leben und Werk
- Vom Sündenbock zur Feindesliebe
- Wandlung zu einer neuen Ethik
- Ursprungsgeschichte des Bewusstseins
- Der mystische Mensch
- Erich Neumanns Beitrag zur Weiterentwicklung der Archetypenlehre C. G. Jungs
- Erich Neumann-Seminare zu zwei seiner Eranos-Vorträge zusammen mit Maria Hippius-Gräfin Dürckheim: „Die Psyche und die Wandlung der Wirklichkeitsebenen“ und „Die Bedeutung des Erdarchetyps für die Neuzeit“
- Vom Wesen der Träume - Traumseminar-Einführung
- Begriffe von Erich Neumann im „Wörterbuch der Analytischen Psychologie“

Gerhard M. Walch
Leib – Atem – Stimme – ZEN-Meditation
auf dem Weg der Wandlungen zum inneren Himmel

Verlag opus magnum, Stuttgart, 2018, 2. Auflage 2019,
112 Seiten mit vielen Abbildungen, € 9,90, ISBN-13: 978-3956120145

Das Buch ist aus über 30 Jahren praktischer Erfahrung als Therapeut und Meditationslehrer in Seminaren und Einzel-Weg-Begleitungen entstanden. Es umfasst fünf seiner wichtigsten Schriften und Übungsanleitungen zur Personalen Leib-, Atem-, Stimmarbeit und ZEN-Meditation.

Inhaltsübersicht

- Leib – Atem – Stimme – Sprache – ZEN-Meditation
- ZEN-Meditation als Weg ganzheitlicher Spiritualität
- „Heimkehr der Seele" am Beispiel der altchinesischen ZEN-Geschichte „Der Ochs und sein Hirte"
- „Der Weg der Gegensatzvereinigung" in der Leib- und Atemarbeit und in der Meditation
- Zwölf Übungseinheiten mit praktischen Leib-, Atem-, Stimm- und Vokalraum-Übungen